처형당한 엔지니어의 유령

처형당한 엔지니어의 유령

The Ghost of the Executed Engineer

로렌 R. 그레이엄 지음 | 최형섭 옮김

역사인

옮긴이 서문

인간의 얼굴을 한 테크놀로지를 위하여

　로렌 그레이엄의 《처형당한 엔지니어의 유령》이라는 책을 처음으로 읽게 된 것은 유학 첫 학기였던 2000년의 일이었다. 나는 한국에서 공과대학을 졸업하고 운이 좋게도 기술사 전공으로 미국의 대학원 과정에 진학할 수 있었는데, 학교에서 생활비를 받기 위해 수업 조교를 맡아야 했다. 처음으로 조교를 맡았던 수업은 '산업 시대의 기술과 과학'이라는 학부 교과목이었다. 담당 교수는 나치스 치하 독일 엔지니어와 매니저들이 유태인들을 학살하기 위한 시설을 어떻게 설계하고 운영했는지에 대해 연구한 독일 기술사 전공자였다. 그레이엄의 책은 수강생들이 읽고 서평을 써야 하는 책들 중 한 권이었는데, 학생들의 서평을 채점해야 했기 때문에 나도 이 책을 읽게 되었던 것이다.

그레이엄은 이 책에서 표트르 팔친스키라는 러시아 엔지니어의 삶을 추적한다. 러시아 혁명 이전에 기술 교육을 받은 팔친스키는 서유럽 사회에서의 경험을 살려 러시아의 근대화에 기여하기를 원했다. 혁명 이후 들어선 소비에트 연방은 러시아 사회의 근대화를 위해 (이 책의 2장에서 설명하듯이) 당시 세계 최고로 알려진 미국식 기술과 경영관리 기법을 적극적으로 도입했다. 그러나 스탈린이 집권하는 1920년대 중반이 되자 소련 지도부는 인민의 삶보다는 자본주의와의 경쟁과 체제의 유지에 초점을 맞춘 기술 체계를 만들어 나가기 시작했다. 이 과정에서 팔친스키는 엔지니어링 전문가로서 공산당의 정책에 반기를 들었고, 이를 이유로 1929년 사형에 처해졌다. 그레이엄은 팔친스키의 삶을 통해 테크놀로지를 둘러싼 소련 초창기의 문제점을 짚고 있을 뿐 아니라 그것이 궁극적으로 소련 패망의 중요한 원인들 중 하나라는 주장을 펼치고 있다.

20세기 이후 한 사회가 테크놀로지를 어떻게 활용하는지에 따라 그 사회의 운명은 크게 달라졌다. 19세기 말 이후 과학과 긴밀하게 결합된 기술로 인해 그 영향력이 심대해졌기 때문이다. 과학적 기술은 산업으로 이어져 인민들의 삶과 직결되는 생산력의 핵심 요소가 되었다. 끊임없는 기술 혁신은 자본주의와 공산주의 사회를 가리지 않고 무조건적으로 쟁취해야 하는 절대선이 되었다.

이러한 생각은 두 차례의 세계대전을 거치면서 더욱 강화되었고, 20세기 후반에는 세계 각국 정책의 근간으로 작동했다. 19세기 후반에 시작된 이른바 제2차 산업혁명을 주도했던 미국과 독일을 비롯한 선진국들은 물론이고, 한 발짝 뒤늦게 경쟁에 뛰어든 러시아와 일본, 이후 후발 산업화를 이룬 대만과 한국도 마찬가지였다. 이 과정에서 테크놀로지의 중요성은 맹목적으로 강조되었지만, 테크놀로지가 각각의 사회 구조와 어떻게 연관을 맺을 것인지에 대한 고민은 상대적으로 저조한 편이었다.

이 책《처형당한 엔지니어의 유령》에서 그레이엄은 스탈린 치하 소련 사회의 문제점을 강조하기 위해, 그것을 팔친스키가 경험했던 서유럽 사회와 암묵적으로 대비시키는 서술 방식을 택하고 있다. 하지만 이 책에서 제기하는 문제가 1920년대 이후 소련 사회에 국한된 것만은 아닐 것이다. 인민들의 삶을 고려하지 않은 대규모 기술 시스템이라는 현상은, 비슷한 시기 미국에서도 유사하게 나타났다. 소련에서 드네프르 댐이 1921년에서 1941년까지 건설되던 시기에, 미국에서는 180미터 높이의 후버 댐이 뉴딜 정책의 일환으로 1933년부터 1936년까지 지어졌다. 물론 스탈린과 같은 극단적이고 폭력적인 방식은 아니었지만, 대형화와 복잡화는 20세기 테크놀로지의 일반적인 특징이라고 말해도 좋을 것이다. 이러한 기술은 사용자를 고려하기보다는 그 자체의 내적 논리에 따라 기술적 결정을 내릴 수밖에 없는 것으로 생각되었다.

따라서 1920년대 소련 테크놀로지에 대한 그레이엄의 비판은 사실 현대 테크놀로지 일반으로 확장하여 생각해 볼 수도 있다. 지금까지 테크놀로지는 한편으로는 경제 발전 또는 생산력의 핵심 요소로, 다른 한편으로는 국가 위신 또는 정치적 정당성을 확보하기 위한 수단으로 작동했다. 후자의 대표적인 사례가 핵무기와 미사일 기술의 확산일 것이다. 이렇듯 현대 사회에서 테크놀로지는 그 근원적인 개념, 즉 인간의 복지와 편의를 증진시키기 위한 자연에의 개입으로부터 점차 멀어지고 있다고 볼 수 있다. 그레이엄이 그리는 팔친스키는 상당히 이른 시기에 이와 같은 문제의식을 갖고 테크놀로지의 문제, 그리고 그것을 실행하는 전문가 집단인 엔지니어의 사회적 책임에 대해 발언했던 것이다.

팔친스키의 목소리는 21세기 한국의 과학자, 엔지니어, 그리고 위정자들에게도 중대한 함의를 갖는다. 최근 한국 사회는 테크놀로지를 둘러싼 각종 논쟁들을 효과적으로 종결시키는 데 어려움을 겪고 있다. 4대강 사업의 효과, 정부의 탈핵 정책, 초미세먼지의 원인 등 다양한 기술적 문제들에 대해 대중들은 물론 전문가들도 제대로 합의에 이르지 못하고 있다. 이와 같은 난맥에서 벗어나기 위해서는 전문가들이 권력으로부터 독립적인 위치에 서 있음을 사회적으로 설득하는 과정이 필수적이다. 그러기 위해서는 위정자들 역시 전문가 집단을 시녀로 부리려는 시도를 중단해야 할 것이다. 권력과 전문가의 결탁은 단기적으로는 효과를 볼 수 있을지 모르지만, 장기적으로는 사회 통합의 근간을 해치는 일이기 때문이다.

이렇게 볼 때 《처형당한 엔지니어의 유령》은 공학 교육의 방향을 제시하고 있기도 하다. 소련의 기술 교육에서 나타났듯이 세부적인 전문 분야에 대한 좁은 교육 방식은 테크놀로지를 둘러싼 복잡다단한 사회적 문제를 살피지 못하는 협소한 엔지니어를 배출할 뿐이다. (이 책에 등장하는 "제지공장용 볼 베어링 엔지니어"를 생각해 보라.) 적어도 대학을 졸업한 엔지니어라면 자신의 전공 분야에 대한 지식과 함께 그것을 폭넓은 사회적 맥락 속에서 이해할 수 있고 (예비) 전문가로서의 윤리 의식을 갖춘 교양인으로 만드는 교육 과정이 중요할 것이다. 현재 한국의 공학교육은 인증사업을 통해 일부 이러한 교육을 실시하고 있기는 하나, 대부분의 대학에서 관련된 교육 과정이 부족한 실정이다. 1960~1970년대에 기술 선진국을 추격하기 위해 구성된 패러다임을 전면적으로 전환해야 한다면, 한국에서 엔지니어를 양성하는 체계를 구축하기 위한 준비가 그 첫 단계일지도 모른다.

이렇듯 《처형당한 엔지니어의 유령》은 현재의 한국 사회와 시공간적으로 동떨어진 이야기를 다루고 있지만, 사실 우리의 이야기이기도 하다. 독자들에게 이 책이 보다 깊이 있는 논의로 나아갈 수 있는 계기가 되었으면 하는 바램이다.

마지막으로 이 책을 내게 처음 소개해준 마이클 앨런(Michael Thad Allen) 교수와, 번역 과정에서 초고를 꼼꼼하게 읽고 수많은 오류를 바로잡아 준 서울과학기술대학교 김남섭 교수께 깊이 고개 숙여 감사드린다.

상도동에서
2017년 8월

지은이 서문

이 책은 왜 소련이 근대 산업국가가 되지 못했는지를 설명하는 것이 목표다. 논의는 표트르 팔친스키라는 러시아 엔지니어의 인생 이야기로부터 시작한다. 그는 소련 산업화 초기의 오류들을 지적하고 그것들을 고치기 위해 끊임없이 노력했던 사람이다. 팔친스키의 이야기는 이 책 후반부에 다루게 될 산업과 기술을 대하는 소련의 태도를 분석하는 데 있어서 하나의 우화偶話로 활용될 것이다. 기술 오용과 인간 에너지의 낭비에 대한 팔친스키의 비판은 소련이 1991년 패망할 때까지 이 나라를 끊임없이 괴롭혔다.

나는 위와 같은 논의 두 개를 전개하면서 개인 경험담도 끼워 넣을 것이다. 나는 지난 30년 동안 팔친스키가 소련의 산업화 과정에서 담당했던 역할을 알아내기 위해 노력했는데, 그 과정에서 몇 가지 수수께끼에 봉착했다. 소련의 역사 교과서는 대개 1930년에 러시아 엔지니어 여럿을 기소했던 산업당Industrial Party 재판을 언급하고 있다. 하지만 교과서에서는 산업당 당수로 지목된 표트르 팔친스키가 누구인지 밝히지 않고 있다. 나는 1960~1961년에 모스크바대학교에서 대학원 과정을 밟으면서 그의 이름을 처음 듣게 되었다. 하지만 그에 대해 더 알아보려는 시도는 곧 소련식 비밀주의에 가로막히고 말았다. 그에 대한 정보를 담고 있는 문서보관소들은 나뿐만 아니라 소련의 연구자들에게도 닫혀 있었다. 하지만 1960년대 이후 나는 팔친스키에 대해 구할 수 있는 소소한 정보들을 수집하기 시작했다. 문서보관소가 열리기 훨씬 이전부터 나는 소련을 오가면서 그에 대한 몇 가지 새로운 사실을 알게 되었다. 이는 동시에 소련 인민들을 '위해' 복무하지 못하는 소련식 기술 문제를 직접 목격할 수 있는 기회이기도 했다.

한 가지 중요한 발견을 했던 것은 1980년대 초의 일이었다. 내가 소련 엔지니어들에게 관심이 있다는 것을 알고 있던 MIT의 동료 실라 피츠패트릭Sheila Fitzpatrick은 소련 사회과학학술정보연구소INION에 산업당 사건에 대한 비밀경찰의 보고서 사본이 보관되어 있다는 사실을 나에게 알려주었다. 이 보고서를 살펴보기 위해 내가 겪었던 여러 어려움들은 소련 체제 하에서 연구자를 옭아매던 여러 장애물들을 잘 보여준다.

이와 같은 민감한 보고서를 소련 도서관의 공개 서고에서 발견하는 것은 대단히 드문 일이었다. 대개 민감한 자료들은 특별서고

Special Collections, spetskhran에 보관되어 있는 경우가 많고, 공개된 문서 목록에도 나오지 않았다. 그리고 소련에서 '민감한 자료'란 대단히 광범위한 것이었다. 예를 들어, 나의 저서들은 협소한 주제를 다룬 학술서적이었음에도 소련 최대의 도서관인 레닌 도서관 도서 목록에 수록되어 있지 않았다. 소련 체제의 공적인 니콜라이 부하린Nikolai Bukharin이나 레프 트로츠키 같은 인물의 저작들은 당연히 찾아볼 수 없었다.(1970년대에 레닌도서관 도서 목록에서 'L. 트로츠키'라는 항목을 발견하고는 순간 깜짝 놀랐다. 하지만 이 트로츠키는 브레이크 설계에 종사하는 자동차 엔지니어였다.)

INION도서관은 학술원에 적을 두고 있는 연구자들에게만 공개된다. 나는 소련과 미국 학술원 사이의 공식 교류 프로그램에 참여하고 있었으므로 그 자격으로 출입증을 발급받을 수 있었다. 이 도서관은 내가 그동안 소련에서 가본 도서관들과는 매우 달랐다. 훨씬 깨끗하고, 밝았으며, 분위기도 자유로웠다. 놀랍게도 나는 도서 목록에서 나의 저서 두 권을 포함해 러시아 및 소련학 분야를 연구하는 서구 학자들의 책을 여러 권 발견할 수 있었다. 부하린과 트로츠키의 저작 몇 권도 포함되어 있었다. 1920년대에 대한 문서들도 레닌도서관에 공개된 목록에 비해 훨씬 다양하고 상세했다.

INION 문서보관소가 비교적 원칙주의에 얽매이지 않게 된 이유는 다음과 같다. 이 도서관의 장서는 스탈린이 소련 지식인 사회를 통제하기 시작하기 전인 1920년대에 융성했던 공산주의학술원Communist Academy의 도서관을 물려받은 것이다. 마르크스주의 학자들은 공산주의학술원 회보에 다양한 논문을 게재했는데, 그 내용과 관점은 나중에 비판 대상이 될 만한 것들이었다. 이러한 분위기 속에서 만들어진 도서관은 전형적인 소련의 도서관에 비해 훨씬 다양한 정치적 입장을 포괄할 수 있었다.

나는 산업당이라는 주제어로 카드 목록을 검색하다가 곧 OGPU(KGB의 전신)가 초기 엔지니어들에 대해 작성한 비밀 보고서를 발견했다. 이 보고서는 1930년 6월 26일부터 7월 13일까지 열린 제16차 공산당 대회를 맞아 공산당 중앙위원회 위원들에게 제출된 것이었다. 당시는 산업당 재판이 열리기 불과 몇 달 전이었다. 보고서를 잠시 훑어보기만 해도 민감한 자료라는 것이 분명해 보였다. 나는 보고서를 통째로 복사하고 싶었지만, 사서에게 복사 요청을 하면 보고서 원본마저 압수당해버릴 것만 같았다. 그래서 우선 보고서에서 꼭 필요한 부분을 필사한 후 INION의 복사실로 가져가 니나 스미르노바Nina Smirnova라는 담당 직원에게 복사해줄 것을 요청했다. 놀랍게도 스미르노바는 제목을 보지도 않은 채 나의 신청을 접수했다. 그로부터 1주일 후 나는 복사본이 담긴 마이크로필름을 받자마자 미국 대사관을 통해 미국으로 보냈다. 이후 귀중한 자료를 잃어버리지 않을 수 있게 되었다는 안도감에 편안한 마음으로 보고서 원본을 자세히 살펴볼 수 있었다.

내가 가졌던 우려는 근거가 있었다. 며칠 후 스미르노바는 도서관에서 나를 찾아와 보고서를 반납하라고 요구했다. 나는 그녀에게 원본을 주었지만 사본은 이미 미국으로 보냈다고 말했다. 그녀는 당황한 기색이었다. 그녀에 따르면 INION 공산당 조직이 내가 어떤 연구를 하고 있는지 알게 되었고, 내가 미출판 사료들을 열람하는 것을 금지했다는 것이었다. 그녀는 내가 비밀경찰 보고서 사본을 미국으로 부쳤다는 사실을 아무에게도 이야기하지 말아달라고 부탁했다. 나는 무려 50년이나 지난 사건에 대해 이토록 우려하는 것이 이상해 보인다고 대답했다. 또한, 그 보고서는 INION 자료 목록에 공개적으로 수록되어 있었으므로 내가 잘못한 것은 아무것도 없다는 점을 강조했다. 그녀는 "이제는 더 이상 공개적으로 수록되어 있지 않아요"라고 대답했다. 내 연구 활동으로 말미암아 그녀가 어려움에 처하지 않았으면 좋겠다고 말했다. 그녀는 나만 입을 다문다면 아무 일 없을 것이라고 했다. 우리는 그렇게 헤어졌다.

내 자리로 돌아와서 목록을 다시 찾아보니 어느새 해당 항목이 사라지고 없었다. 서랍 밑바닥에는 조그마한 마분지 조각이 남아 있었다. 누군가 다급하게 목록 카드를 찢어갔던 것이다.

1980년대가 되자 내가 표트르 팔친스키와 관련된 자료를 찾는 것을 소련 정부가 훼방하는 일이 잦아들기 시작했다. 점점 더 많은 자료를 입수하게 되면서 나는 그의 생각이 사후에도 여실히 살아 있었을 뿐만 아니라, 소련의 패망 이후에도 힘을 발휘했다는 사실을 알게 되었다. 표트르 팔친스키의 '유령'은 나로 하여금 소련 기술이 어떻게 실패했는지 이해할 수 있게 해주고, 산업화가 소련 인민들에게 부과한 거대한 비용에 대해서도 인식할 수 있게 해주었다.

그랜드 아일랜드, 슈피리어호에서

1993년 6월

차례

1장

급진적 엔지니어

<u>1928년 4월의 어느 추운 날이었다.</u> 스탈린의 비밀경찰이 레닌그라드의 한 아파트 현관을 세차게 두드렸다. 아파트 주인은 54세의 엔지니어 표트르 팔친스키Peter Palchinsky였다.[1] 그는 현관 문을 열자마자 체포되었다. 경찰은 그의 집을 수색하다 지난 30여 년 동안의 엔지니어 활동에 대한 방대한 개인 기록을 발견했다. 경찰은 팔친스키를 끌고 가면서 그의 아내 니나 알렉산드로브나 팔친스카야Nina Aleksandrovna Pal'chinskaia에게 남편의 문서들이 담긴 가방을 경찰서까지 들고 오도록 명령했다. 니나는 이후 1년이 넘도록 남편의 소식을 들을 수 없었다.

1929년 5월 24일이 되어서야《이즈베스티아Izvestiia》지에는 짧고 충격적인 발표문이 실렸다. 그녀는 남편이 정부를 전복하고 자본주의를 복원하려는 반소련 세력의 지도자로, 반역죄로 재판 없

이 사형 선고를 받아 곧바로 총살형에 처해졌다는 소식을 신문을 통해 알게 되었다.[2]

팔친스키의 체포와 죽음에 대한 이야기는 그로부터 여러 해가 지난 후 알렉산드르 솔제니친Aleksandr Solzhenitsyn이 《수용소 군도》에서 간략하게 묘사했다. 솔제니친은 이 뛰어난 엔지니어가 비밀경찰의 '구렁텅이maw' 속으로 '완전히, 영원히once and for all, forever' 사라져버렸다고 썼다.[3]

오늘날에 이르기까지 팔친스키에 관해 알려진 사실은 많지 않다. 몇몇 서구 역사가들이 20세기 초 러시아의 산업화와 기술 발전에 그가 중요한 역할을 담당했다는 점을 기록했을 뿐이다. 1982년에 한 미국 역사가는 러시아사 백과사전에 그에 관한 짧은 글을 남기면서 "팔친스키에 대한 정보는 거의 알려진 것이 없으며, 소련의 기록은 그와 관련해 침묵하고 있다"고 논평했다.[4]

팔친스키가 처형되고 62년이 지난 1991년 1월 어느 날, 나는 꽁꽁 얼어붙은 모스크바에 있었다. 지난 수십 년 동안 열람이 제한되었던 정부 문서들을 살펴보기 위해서였다. 소련 연방은 이제 고르바초프 개혁의 한가운데 놓여 있었다. 비록 식료품점의 매대는 텅텅 비어 있었지만 글라스노스트glasnost'의 흐름은 정치 논쟁과 학술 연구를 활성화시켰다. 문서보관소 안에서 나는 문서철 목록이 담긴 마이크로필름을 발견했지만 필름을 감아 볼 수 있는 릴은 눈의 띄지 않았다. 나는 기술적 문제에 봉착해 당황해하고 있던 와중에 옆자리의 연구자가 말려 있는 필름 가운데에 손가락을 꽂아 넣고 다른 손으로 미친 듯이 돌려가며 읽고 있는 모습을 보게 되었다. 그를 따라서 해보니 필름 내용이 흐릿하게 보이기 시작했다. 한 시간 정도 지났을 때 나는 팔친스키 파일에 대한 언급을 찾을 수 있었다. 드디어 발견해낸 파일은 방대한 규모였다. 문서보관소 규칙상 나는 하루에 문서 열 상자만을 열람할 수 있었는데, 파일에는 상자 수백 개가 있었던 것이다. 나는 이것이 간단하게 끝낼 수 있는 일이 아니라는 것을 직감했다. 더구나 구형 마이크로필름 판독기는 45분 사용한 후 15분 동안 꺼두지 않으면 과열되어 필름에 불이 붙을 가능성이 있었다. 나는 문서보관소에 아침 일찍 도착하면 몇 대 안 되는 외국산 마이크로필름 판독기를 이용할 수 있으며, 이것들은 사용 시간에 제한이 없다는 사실을 알게 되었다. 이후 몇 달에 걸쳐, 그리고 세 차례에 걸친 모스크바 연구 여행을 통해 니나가 경찰서로 들고 갔던 문서들을 파헤쳤다. 그 내용은 물속에서 거대한 물고기가 떠오르듯이 서서히 전모를 드러냈다.

　나는 소련이 해체되고 있는 와중에 이 문서들을 읽어나가면서 그 안에 소련사를 둘러싼 수수께끼를 해명할 수 있는 단서가 들어 있다는 것을 깨달았다. 소비에트 연방은 왜 초창기의 인상적인 기술 근대화의 혜택을 완전하게 누리지 못했는가? 소련 지도자들은 처음부터 기술의 중요성을 강조했으며 이를 바탕으로 전기화, 산업화, 무기 생산 프로그램들을 성공적으로 추진했다. 소련의 발전상을 지켜보던 서구인들은 한편으로는 위협감을 느꼈고, 다른 한편으로는 영감을 받았다. 기술을 이용하고자 한 소련의 노력은 꽤 성공적인 것처럼 보였다. 2차 세계대전 이전에 시작된 5개년계획을 통해 소련은 세계 최대의 제철소와 수력 발전소를 건설했다. 사진가 마거릿 버크화이트Margaret Bourke-White와 노동계 지도자 월터 루서Walter Reuther 등 여러 외국인들은 '위대한 소련의 실험'을 참관한 후 감탄을 금치 못했다.

소련 경제는 이후 상당 기간 동안 확장과 근대화 과정을 거치면서 성장해나갔다. 이러한 모습은 여러 연구자들의 마음을 사로잡았다. 하버드대학교의 경제사가 알렉산더 거셴크론Alexander Gerschenkron은 소련이 공장 설비를 처음으로 설치했을 때 가장 최신 모델을 선택했기 때문에, 그보다 앞서 설비 확충을 이룬 나라들이 구식 기술에 발목이 잡혀 있던 것과는 달리 빠른 속도로 우위를 점할 수 있었다는 '후발성의 우위advantages of backwardness'라는 주장을 내놓았다. 러시아 혁명이 일어난 지 40년 이상 지난 1960년까지도 저명한 경제학자인 로버트 캠벨Robert Campbell은 소련 경제가 미국에 비해 거의 두 배의 속도로 성장하고 있음을 지적하며 다음과 같이 결론을 내렸다.

"성장률의 차이가 있는 한 러시아는 필연적으로 우리를 추격해올 것이며, 현재의 차이가 앞으로도 지속된다면 더욱 빠른 속도로 따라잡을 것이다."[5]

러시아 혁명 이후 두 세대가 지난 지금 돌이켜보면, 기술을 익혀 그것을 국가 발전에 이용하고자 하는 소련의 거대한 실험은 실패로 끝났다. 고르바초프와 옐친을 비롯한 러시아의 최근 지도자들은 자신들의 나라를 현대화하기 위해 서구에 도움을 요청했다. 소련이 실패한 원인은 무엇인가? 중앙 집중식 계획 경제의 한계라는 흔히 들을 수 있는 대답은 진실의 일부만을 보여줄 뿐이다. 소련식 계획 경제는 세계 2위 규모의 산업을 일구는 데 성공했다. 2차 세계대전 전후의 수십 년 동안 소련은 그 힘을 바탕으로 히틀러 군대를 격퇴한 후 지속적 확장을 이룰 수 있었다. 그 힘은 소련이 세계 최초로 인공위성을 쏘아 올리고 인간을 지구 궤도에 올려놓을 수 있게 하는 원동력이었다. 소련 인민들이 그들의 시스템에 신뢰를 갖고 있기만 하다면, 그것은 그럭저럭 성공적이었다고 평가할 수 있을 것이다. 신뢰의 상실과 그에 뒤따른 실패는 기술을 이용하는 방식과 관련이 있던 것이 아닐까? 표트르 팔친스키의 삶과 기술에 대한 생각들은 이 수수께끼를 푸는 데 중요한 열쇠가 된다.[6]

ㄴ 젊은 엔지니어로 성장하다

표트르 아키모비치 팔친스키Peter Akimovich Palchinsky는 복잡한 문제가 많은 대가족에서 태어났다. 그의 아버지 아킴 표도로비치 팔친스키Akim Fedorovich Pal'chinskii는 토지 측량사와 감정평가사로 일했다. 그는 두 차례 결혼했는데, 첫 번째 부인 알렉산드라와는 자녀 다섯 명을, 두 번째 부인 올가Olga와는 자녀 일곱 명을 두었다. 1875년 10월 5일에 태어난 팔친스키는 아킴의 장남이었으며, 형제들 사이에서 정신적·재정적으로 어려움이 있을 때마다 찾아가 도움을 청할 수 있는 존재였다. 어린 시절에 팔친스키는 어머니 알렉산드라, 남동생 표도르, 여동생 안나·소피야·엘레나와 함께 볼가 강변에 위치한 카잔Kazan이라는 도시에 살았다. 의붓 남동생 이반van·미하일Mikhail·알렉산드르Aleksandr·일리야Il'ia와 여동생 안토니나Antonina·율리아Julia·알렉산드라Aleksandra는 아버지와 함께 사라토프Saratov 시에 살았다.

팔친스키는 활력이 넘치는 젊은이로 성장했고 공부도 제법 잘했다. 그가 여덟 살 때 부모가 이혼한 이후 아버지는 거의 만나지 못했다. 대신 가난한 귀족 출신 어머니와 가깝게 지냈다.

어머니는 어린 팔친스키의 교육에 큰 영향을 끼쳤다. 팔친스키가 악기를 다루는 데 재능을 타고나지 않았으면서도 썩 괜찮은 피아노 연주를 할 수 있게 된 것은 전적으로 어머니의 가르침 덕분이었다.[7] 어머니는 또 물려받은 가족 도서관에서 많은 책을 읽도록 팔친스키를 유도했다. 그는 소설, 시, 대중 과학 서적, 역사서 등에 파묻혀 몇 시간씩 보내곤 했다. 동시에 어머니에게 친한 친구가 없다고 털어놓으며 안타까워하기도 했다. 어머니는 그가 유달리 내성적인 성격을 갖고 있었다는 것을 알고 있어, 남들에게 자신의 생각을 표현하도록 충고했다.[8] 하지만 그가 17세에 프랑스어와 독일어에 능숙하게 되는 등 학업에서 성과를 거둘 때마다 칭찬을 아끼지 않았다.[9] 나중에 그는 영어와 이탈리아어까지 익히게 되었다.

1893년 가을에 팔친스키는 제정 러시아의 엘리트 공과대학 가운데 하나인 상트페테르부르크 광업학교Mining Institute in St. Petersburg에 입학했다. 팔친스키는 입학시험에서 우수한 성적을 거뒀다. 독일어는 12점 만점에 12점, 물리학 10점, 수학 10.5점, 러시아어는 시험을 치르는 날 아팠음에도 8점이었다. 전체 입학생 35명 중에서 20등이었다. 하지만 영향력 있는 지인이나 고위직 인사의 도움 없이 스스로의 힘으로 광업학교에 합격했다는 사실을 매우 자랑스러워했다.[10]

학생 시절 팔친스키는 제대로 먹지도 못할 정도로 가난한 생활을 했다. 어머니가 그에게 다음과 같은 편지를 보냈을 정도였다.

내가 너를 도울 힘이 없다는 사실이 나를 괴롭게 하는구나.[11]

어머니는 곧 병에 걸렸는데 그로부터 몇 주 후 세상을 떠났다. 팔친스키는 쥐꼬리만 한 학생수당으로 생활을 꾸려갈 수밖에 없었다. 생활비에 보태기 위해 여름 방학 동안에 철로에서, 공장에서, 심지어 프랑스 광산에서 일했다.[12] 다양한 직업을 경험하면서 노동자들이 임금을 올리고 노동 조건을 개선하기 위해 얼마나 노력하고 있는지를 피부로 느낄 수 있었다. 역설적이게도, 대가족 중에서 그는 유일하게 경제적 성공을 거두었다. 형제들이 그에게 도움을 요청하는 편지를 쓸 정도였다. 또한 그는 심신이 병약한 가족력과는 달리 몸이 튼튼하고 성품도 안정적이었다.

이 무렵 고등교육을 받은 젊은 러시아인들이 대개 그랬듯이 팔친스키도 권위주의적이고 가난에 찌든 러시아 사회를 개선하려는 생각으로 급진적 정치 노선을 받아들였다. 그는 곧 이러한 신념 때문에 고난을 겪게 될 것이었다. 광업학교 학생이었을 때부터 제정경찰의 요주의 대상이었다. 그는 잠시 학생회 회장을 맡은 적이 있는데, 이로 인해 '학생 운동 지도자' 명단에 이름이 오르게 되었다. 이는 그가 일생에 걸쳐 겪게 될 고초의 전조 같은 것이었다. 그는 이후 대여섯 차례나 투옥되었으며, 제정경찰, 나중에는 소련 비밀경찰의 지속된 감시 속에서 살게 될 것이었다.

정치와 예술에 팔친스키가 관심을 갖게 된 데에는 가족들의 영향이 컸다. 바로 손아래 동생 표도르는 하급 관리로 일하면서 지루해질 때마다 극장에서 활력소를 찾았다. 표도르는 연극을 관람할 뿐만 아니라 연회장과 파티장에서 배우들과 어울렸으며 심지어 무보수로 조감독 생활을 하기도 했다. 팔친스키는 카잔 본가에 돌아올 때마다 동생과 함께 문화생활을 즐겼다. 예술에 강하게 이끌렸지만, 표도르처럼 푹 빠지지는 않았다.

다른 동생들은 만족스러운 직장을 찾는 데 어려움을 겪었을 뿐만 아니라 안정된 인생을 살지도 못했다. 소피야는 자주 아팠으며 전반적으로 쇠약한 편이었다. 그녀는 무하메드 시즈디코프 Mukhamed Syzdikov라는 무슬림계 러시아인과 결혼해 딸 하나를 낳았지만 결혼 생활은 결국 파경에 이르렀다.

막내 여동생 옐레나는 고질적 낭만주의자로 문학·음악·연극을 사랑했으며, 예술가가 되려는 꿈을 갖고 있었다. 그녀는 브뤼셀과 파리로 가서 예술과 문학에 대한 수업을 청강했다. 그녀는 파리에서 추방당한 러시아 급진파들과 어울리면서 정치적 영향을 받았다. 1898년에 옐레나는 파리에서 열린 사회주의자 총회에 참석했다가 카를 마르크스의 저서들을 발견했다. 그녀는 팔친스키에게 《자본론》의 러시아 번역판을 보내 달라고 부탁했지만, 책은 배달되지 않았다. 그가 그녀의 요청을 거부했는지, 아니면 배달 과정에서 분실되었는지는 확실하지 않다. 옐레나는 결국 그 책을 프랑스어로 읽어야 했다.

옐레나는 항상 돈이 부족했기 때문에 브뤼셀과 카잔을 계속 오갈 수밖에 없었다. 그녀는 결국 카잔에 정착해 불행한 결혼 생활을 시작했다. 옐레나는 남편과 지겨운 시골 생활을 벗어나기 위해 상트페테르부르크로 도망가서 은행 직원으로 일하기 시작했다. 하지만 그녀는 단순하고 지루한 은행 일을 참을 수 없어 했다.

안나는 팔친스키의 친여동생 중에 유일하게 정상적으로 생활했다. 어머니가 자주 아팠기 때문에, 활달하고 자제심이 있는 안나가 어릴 때부터 가정을 꾸려나가다시피 했다. 안나는 돈을 벌기 위해 어머니가 카잔에서 유료 도서관을 운영하는 것을 도왔다. 팔친스키의 소년기 교육에서 중요한 역할을 했던 바로 그 가족 도서관이었다. 어머니가 세상을 떠난 1893년 이후 안나는 도서관 운영을 맡았다. 1896년에는 도서관 장서가 일곱 개 언어로 된 팔천 권을 넘어섰다.[13] 도서관 운영만으로는 생활이 불가능했던 그녀는 베이커리 사업을 시작하기도 했다. 그녀의 결혼 생활은 행복했으며, 일생 동안 팔친스키와 자주 편지를 주고받았다. 그 편지들에서 그녀는 다른 가족들의 소식을 전했는데, 유독 자신에 대한 이야기는 하지 않았다. 대단히 정돈된 삶을 살았던 그녀의 편지들에서 유일하게 나타나는 무질서함은 바로 날짜 관념이었다. 그녀는 유독 날짜에 약한 면모를 보였는데, 심지어 편지를 보낸 날짜 대신에 '날짜 불명'이라고 적기도 했다.

의붓 형제 일곱 명도 일생 동안 여러 가지 어려움을 겪었다. 안토니나와 이반은 너무 자주 아파 직업을 가질 수 없을 정도였다. 다정했던 율리아는 젊은 나이에 여학교 교사가 되었다. 하지만 그녀는 상냥한 성품 때문에 학생 훈육에 어려움을 겪다가 결국 교사 평가에서 낮은 점수를 받았다. 율리아는 시간제 교사로 근무하면서 대가족의 생활비를 대기 위해 개인 교습을 했다. 그녀는 임대한 피아노를 치며 노래하는 것을 매우 즐겼다. 그러나 여학교를 그만두게 되어 피아노 임대료를 더 이상 낼 수 없게 되자 처음이자 마지막으로 팔친스키에게 도움을 요청했다. 팔친스키는 곧바로 돈을 부쳐주었다. 율리아는 옐레나의 낭만주의와 안나의 실용주의를 반씩 섞어 놓은 듯 했다. 팔친스키와 율리아 사이의 편지는 그녀가 폐결핵에 걸려 중태에 빠지기 전까지 계속되었다.

의붓 남동생 미하일은 팔친스키처럼 자신이 살고 있던 시베리아의 광산업에 관심을 가졌다. 팔친스키와 마찬가지로 미하일은 노동자들의 상황에 눈을 돌렸고 급진주의 정치 단체에서 활동하기도 했다. 그는 결국 지하 노동언론에 연루되어 제정경찰에 연행된 후, 상트페테르부르크 스파스키Spasskii 감옥에 수감되었다. 그리고 감옥에서 팔친스키에게 도움을 요청했다. 팔친스키가 개입했는지는 확실치 않으나, 미하일은 곧 석방되어 사라토프로 돌아왔다. 그곳에서 공과대학에 입학하려 했지만 '신용 부족'을 이유로 거절당했다. 그는 얼마 후 군에 입대했는데, 팔친스키와의 편지도 끊겼다.

형제들과 비교해보았을 때 팔친스키는 안정적이고 부유한 삶을 일구었다. 의붓 여동생 율리아는 그가 러시아 아이들이 흔히 가지고 노는 목각 인형 같다고 적기도 했다. 그 목각 인형은 바닥에 납덩이를 달고 있어 아무리 넘어뜨려도 다시 제자리로 돌아오는 것이었다.[14] 율리아는 그가 어떤 어려움에 봉착해도 마음을 다치지 않고 어려움을 극복할 수 있는 능력을 타고났다고 생각했다. 20대

중반이었을 때부터 이미 그는 가족 대부분을 먹여 살리고 있었다.

1899년 11월 23일, 팔친스키는 저명한 상트페테르부르크 가문 출신 니나 알렉산드로브나 보브리시체바 - 푸시키나Nina Aleksandrovna Bobrishcheva - Pushkina와 결혼했다. 그들은 팔친스키가 이듬해 광업학교를 우수한 성적으로 졸업할 때까지 상트페테르부르크에 살았다. 그동안 니나는 멀리 떠나갈 준비를 차근차근 해나갔다. 국가가 지급하는 학생수당을 받은 광업학교 졸업생은 정부의 지시에 따라 과업을 수행해야 했기 때문이다.

└ 돈바스에서의 석탄 채굴

팔친스키가 1901년에 부여받은 과업은 우크라이나 돈바스Don Basin 지역(현재 우크라이나 동부와 러시아 남동부 지역의 분지로 '도네츠 분지'라고도 부르며, 19세기 말부터는 탄광 지대로 개발됨)의 석탄 생산이 감소하는 이유가 무엇인지 분석하는 것이었다. 러시아는 그때까지 10년 동안 역사상 유례를 찾아볼 수 없는 집중적인 산업 팽창을 거듭했으나 석탄 공급이 감소하여 지속 성장에 어려움을 겪고 있었다. 석탄은 유럽 열강들 사이의 경쟁이 치열해지던 시기에 러시아의 산업과 군사력을 담보하기 위한 필수 요소였다. 1900년에 돈바스는 러시아 석탄 공급량의 70퍼센트 이상을 담당하고 있었다.

상트페테르부르크에서 파견된 조사 위원회의 막내였던 팔친스키는 선배들이 탄광 운영의 문제를 조사하는 동안 상대적으로 덜 중요한 과제인 '노동자 문제'에 대한 검토를 맡게 되었다. 그는 우선 돈바스에 위치한 탄광과 노동자 수를 조사했다. 놀랍게도 탄광 관리자들은 자신들이 고용한 노동자들과 관련해 거의 알고 있는 것이 없었다. 심지어 고용된 노동자의 총 숫자, 각 탄광의 연간 총 노동 시간과 같은 기초적인 자료조차 파악하고 있지 못했다.[15] 또한 탄광 소유주들은 노동자들의 생활 여건에 대해서는 무관심해 보였다. 팔친스키는 직접 통계를 모으기로 결심했다. 그는 작업을 진행하면서 노동자들과 그들의 생산성을 이해하기 위해서는 이러한 통계 자료가 필수라는 것을 알게 되었다. 전문가로서 그가 일생 동안 지니게 될 신조가 이 당시 만들어졌다. 좋은 산업 정책은 완전하고 믿을 만한 통계 자료가 없이는 불가능하다는 것이었다.

팔친스키는 이후 2년 동안 노동자 주거 공간의 도면, 지금도 그의 문서철에 보관되어 있는 사진, 인구 밀도 및 교통 네트워크를 보여주는 지도 등 방대한 양의 정보를 수집했다. 마카리옙스키 Makar'evskii 탄광에서 그는 널빤지로 만든 침대 20여 개가 사이에 공간도 없이 빽빽하게 채워져 한 방에 무려 탄광 노동자 68명이 함께 생활하게 되어 있는 판잣집들을 발견했다. 이곳에서 생활하는 노동자는 침대로 들어가기 위해 동료들의 발끝을 지나 조심스럽게 몸을 밀어넣을 수밖에 없었다. 고를로프카 Gorlovka 탄광에서도 40명이 한 공간에서 생활하는 등 비슷한 사정이었다. 두 곳 모두 벽돌로 막사를 지어 겉으로 보기에는 그럴듯해 보였다. 몇 년 전만 해도 광부들에게 익숙했던 토굴zemlianki보다는 훨씬 나은 여건이었다. 팔친스키는 침대, 난로, 화장실(주로 옥외 가건물)의 위치를 포함한 막사 내부 상황을 그림으로 세세하게 기록했다. 가족과 함께 생활하는 노동자들은 다른 종류의 숙소에서 거주하고 있었다. 집 한 채에 넷에서 여섯 가족이 살았는데, 각 가족이 방을 한 칸씩 사용하는 식이었다. 이러한 집들은 주로 바닥이 흙으로 되어 있었으며 화장실 설비는 갖추고 있지 않았다.[16]

지금까지 어느 누구도 돈바스의 거주 환경에 대한 이러한 정보를 수집한 적이 없었다. 팔친스키는 보고서를 작성해 상트페테르부르크로 보냈다. 보고서는 요약표와 그림으로 깔끔하게 정리되어 있었으며 정치적 코멘트는 전혀 담겨 있지 않았다. V. I. 코발렙스키Kovalevskii 재무대신과 통상산업부의 관료들은 이 보고서를 높이 평가하며 심지어 다른 산업 분야에도 적용할 것을 제안했다. 하지만 관료들은 점차 이 보고서가 갖는 정치적 함의를 깨닫게 되었다. 1906년에 팔친스키는 《마이닝 저널Mining Journal》에 투고한 논문에서 전체 숙소 2만 개 중에서 1만 6,400개는 바닥이나 천정이 흙으로 되어 있어 특히 노동자들의 겨울철 건강에 해로울 것이라고 보고했다. 이 논문 내용이 팔친스키의 상관들 귀에 들어가자마자 그는 조사위원회에서 내쫓기는 신세가 되었다. 그는 유배를 떠나는 것처럼 시베리아로 배속되었지만 적어도 광산업 분야 컨설턴트로서의 일을 계속할 수는 있었다.

이와 같은 경험으로 말미암아 팔친스키는 더욱 급진적인 사상에 경도되기 시작했다. 그는 표트르 크로폿킨Peter Kropotkin, 1842~1921의 아나키즘 사상에 이끌렸다. 크로폿킨은 귀족 가문 출신의 혁명가로 19세기 말과 20세기 초에 착취나 억압이 없는 새로운 사회의 가능성을 제시하는 중요한 책들을 썼다.[18] 크로폿킨의 아나키즘은 미하일 바쿠닌Mikhail Bakunin, 1814~1876의 사상과 유사했지만 훨씬 온건한 편이었다. 크로폿킨은 폭력 대신에 '상호 협력'을 주장했으며, 평화롭게 협조하는 노동자와 농민들의 자율적 연합을 바탕으로 문명을 재구성해야 한다고 설파했다. 그러한 체계 속에서는 정신노동과 육체노동, 도시와 시골의 장점들이 합일을 이룰 수 있을 것이었다.

팔친스키에게 아나키즘이 무엇을 의미했는지를 정확히 파악하기는 어렵다. 그는 정치 이론 자체에 대해서는 큰 관심이 없었다. 그는 자본주의 체제에서 찾아볼 수 있는 착취에 대해서는 확실히 반감을 갖고 있었고, 토지 공유와 사회 구성원들 사이의 협력에 대해 자주 이야기했다. 하지만 그가 남긴 방대한 저술은 주로 실용적 주제에 초점을 맞추고 있었다. 다만 그의 글에서 '최소한의 에너지 낭비로 인류의 필요를 충족'한다거나 '노동 합일'을 언급하는 등 크로폿킨의 흔적을 찾기란 어려운 일이 아니었다.

크로폿킨의 가르침 가운데 가장 팔친스키의 관심을 끌었던 것은 기술을 대하는 크로폿킨의 태도였다. 팔친스키는 크로폿킨이 유토피아를 꿈꾸었지만 다른 공상가들과는 달리 기술을 적대시하지 않았다는 사실에 이끌렸다.[19] 크로폿킨은 18세기와 19세기의 산업혁명은 역사적 일탈이라고 믿었다. 금융자본과 증기 기술이 연합해 중앙 집중식 공장제에 바탕을 둔 노동 분업과 그에 따른 계급 갈등을 야기하는 억압 사회를 만들어냈다고 보았다. 하지만 크로폿킨은 가까운 미래에 전기나 전화와 같은 새로운 기술들로 인해 농업과 산업 부문에서 새로운 형태의 노동이 생겨날 것이라고 믿었다. 지역 기반의 소규모 협업체의 장점이 곧 빛을 발할 것이었다. 그는 새로운 사회가 소수의 대기업들과 다수의 자율적인 소기업들로 구성된 혼종을 이룰 것이라고 기대했다.

팔친스키는 기술과 사회의 유토피아적 관계가 도래할 것을 믿기는 했지만 정치 운동으로서의 아나키즘에 헌신하지는 않았다. 그는 미래 사회에 대한 크로폿킨의 저술들과 그 추종자들이 보이던 경솔한 행태를 구분했다. 그 대신 팔친스키는 사회 보장, 노동 시간 단축, 적정 임금 등을 주장하는 글을 쓰는 것으로 자신의 정치 견해를 표출했다.[20]

1905년 혁명 당시 팔친스키는 아나키스트들의 선동에 휩쓸리지 않았다. 하지만 그는 혁명을 지지했고, 그것을 빌미로 체포되어 시베리아 이르쿠츠크Irkutsk에서 경찰의 보호관찰하에 놓이게 되었다. 민주적 '이르쿠츠크 공화국'의 분리·독립을 선언하고자 하는 혁명가들의 움직임에 연루되었던 것이다. 그가 독립운동에 얼마나 적극적으로 참여했는지는 확실치 않다. 처음에 차르 정부는 그를 지도자로 지목했고, '러시아 정체政體를 전복하려는 시도'를 불법으로 규정한 형법 제103조 위반 혐의로 기소했다. 정부는 곧 이 혐의를 입증하지 못할 것이라고 생각한 듯 '정부 전복을 목적으로 하는 것으로 알려진 조직에 참여'하는 것을 금하는 형법 제126조 위반으로 혐의 내용을 바꿨다.[21] 정부는 팔친스키가 혁명가들과 어울렸다는 사실을 증명할 수 있으리라 생각했지만 그가 실제로 정부를 전복하려는 시도에 참여했다는 것을 입증하기는 어렵다고 생각했던 것으로 보인다. 팔친스키가 아나키스트나 사회주의자-혁명가당Socialist Revolutionary Party이 주최한 회합에 참석한 적이 있기는 했지만 그의 문서철 어디에도 그가 정당에 가입했다거나 혁명 조직의 정식 회원이었다는 증거는 남아 있지 않다. 1905년에 그는 재판에 회부되는 대신 혁명 혼란기에 경찰에게 부여된 특별 권한으로 유배 명령을 받았다.

1905년 혁명 무렵의 팔친스키는 정치 수단으로서의 폭력에 반대하는 입장을 견지했다. 하지만 시간이 갈수록 그는 점점 1905년부터 1917년 볼셰비키 혁명에 이르기까지 러시아 최대 정당이던 사회주의자-혁명가당에 관심을 갖게 되었다. 그는 사회주의자-혁명가당 중도파를 지지했으며, 차르 정권의 관료들을 암살해 정권 교체를 이루려는 급진주의자들을 강력하게 비판했다. 임시정부 시기였던 1917년, 팔친스키는 중도파 사회주의 정부를 붕괴시키기 위해 볼셰비키와 행동을 같이하던 아나키스트에 반대했다.

팔친스키는 1906년과 1907년 시베리아에서 경찰 감시하에 유배되어 있으면서도 엔지니어로서 광산 운영 전문 컨설턴트로 활동했다. 광산 소유주들은 생산성을 높이고 노사 간 의견 차이를 조정하는 그의 능력을 높이 샀다. 그는 엔지니어로 상당히 성공을 거두었지만 1907년 8월 경찰의 사찰을 피해 시베리아로부터 탈출한 후 우크라이나로 돌아와 수배망에서 벗어나기 위해 여러 도시를 전전했다. 돈바스의 노동 조건을 연구하던 시절에 사귀던 급진파 지인들이 도피처를 제공했다. 1908년 초에 그는 국경을 넘어 서유럽에서 새로운 인생을 시작했다.

한편 니나는 상트페테르부르크와 이르쿠츠크를 오가며 정부 당국에 그에 대한 범죄 혐의를 기각해달라고 청원하고 있었다. 니나는 1909년에 마침내 자신의 어머니 마리아 알렉산드로브나 보브리셰바 – 푸시키나Mariia Aleksandrovna Bobrishcheva-Pushkina와 함께 서유럽에서 표트르를 만날 수 있었다.

팔친스키는 독일, 프랑스, 영국, 네덜란드, 이탈리아 등지에서 성공한 산업 컨설턴트로 활동했다. 그보다 중요한 사실은 그가 이러한 경험을 통해 여생에 걸쳐 보여준 기술 문제들에 접근하는 방식을 형성할 수 있었다는 점이다. 그는 엔지니어링 계획들을 평가할 때 그 정치적·사회적·경제적 맥락 속에서 보아야 한다고 주장했다. 그는 큰 과제들을 암스테르담·런던·함부르크와 같은 세계적 항구에서 맡았다. 나중에 유럽 항구들과 관련한 네 권짜리 연구서를 내기도 했는데, 이 책들은 여러 언어로 번역되어 출간되었다.[22]

고객들이 어떻게 하면 항구의 생산성과 효율성을 증진시킬 수 있겠느냐고 묻자, 그는 노동자들이 작업을 제대로 수행할 수 있는 능력과 헌신성을 갖추고 있지 않으면 선박에 화물을 효과적으로 싣고 내리지 못할 것이라고 조언했다. 항구 운영을 개선하기 위해서는 기중기·철로·수로水路·부두시설·창고 등이 필요할 뿐만 아니라 노동자 숙소·학교·대중교통·의료시설·복지시설·적당한 급료·사회보험 등의 요소들에도 신경을 써야 한다고 했다. 그는 항구라는 거대한 시스템을 통해 각종 서비스를 제공함으로써 노동자들이 '최소의 노력으로 최대의 결과를 성취'할 수 있을 것이라고 생각했다.[23] 말하자면 그는 미국 기술사학자 토머스 휴스Thomas Hughes가 이야기하는 '기술 시스템'의 신봉자였다.[24] 그가 보기에 항구는 대량의 물건을 상당한 거리에 걸쳐 이동시킨다는 점에서 대규모 광산과 유사한 면이 많았다. 각각의 구성 요소들은 가능한 한 정확하게 맞물려 돌아가야 하며, 이는 곧 기술과 노동자 모두 최적의 상태여야 한다는 것을 의미했다.

서유럽에서 지내는 동안 팔친스키가 새로운 언어를 몇 개 배운 것으로 보아 새로운 삶에 잘 적응했던 것 같다. 그는 러시아의 지인들과 계속 연락을 취했을 뿐만 아니라 자신을 조국에서 쫓아낸 차르 정부가 산업을 발전시킬 수 있는 방안에 대한 논문을 여러 편 썼다.[25] 그는 러시아의 산업 발전을 가로막는 것은 기술적 요인에 있는 것이 아니라 정치적·사회적·법적 그리고 교육적 요인에 있다고 믿었다. 그는 러시아 광업 자원의 풍부함은 산업을 일으키기 위한 이상적 조건이지만, 이러한 자연 조건을 제대로 활용하기 위해서는 근대화의 사회적 효과를 두려워하지 않는 정부가 필요하다고 생각했다. 예를 들면 토지 소유권에 관련된 법률 체계의 개혁이 시급했다. 그는 당시 러시아의 혼란스러운 토지법 체계 때문에 토지 소유권자를 알 수가 없어 철도와 광산을 건설하는 것이 불가능에 가깝다는 점을 지적했다.[26]

팔친스키는 제정 러시아의 엔지니어링 교육에 특히 비판적이었다. 그는 러시아의 엔지니어링 커리큘럼이 자연과학·수학 그리고 '묘사적descriptive 기술'(인공물의 실체를 묘사하는 것에 그치는 기술을 말하며, 현실 문제를 해결하기 위해 필요한 다양한 측면을 고려하는 것이 아니라 기술적 해결책만을 제시하는 경향을 이르는 말)에 치우쳐 있으며, 경제학이나 정치·경제 같은 과목들을 완전히 무시하고 있다고 생각했다.[27] 따라서 러시아 공과대학 졸업생들은 모든 문제를 순수하게 기술 영역에서 풀 수 있으며, 가장 최신의 과학을 동원하는 해결책이 가장 훌륭한 해결책이라고 생각한다는 것이었다. 당시 러시아의 기술은 높은 관세 장벽으로 보호받고 있으면서도 세계 시장에서 경쟁력을 갖추지 못했는데, 러시아 엔지니어들의 교육 과정을 생각해보았을 때 이는 전혀 놀라운 일이 아니었다. 그는 러시아 엔지니어들이 '학술적 아마추어' 방식으로 문제를 접근할 것이 아니라, 경제적 관점을 포함한 다각도에서 문제를 분석할 줄 아는 냉정하고 현실적인 엔지니어로 탈바꿈해야 한다고 주장했다.

1911년에 팔친스키는 이탈리아 토리노에서 열린 국제 무역 전시회에서 광공업 전시를 조직하는 책임을 맡은 공로로 이탈리아 정부로부터 특별 포상을 받았다.[28] 그는 러시아가 필요한 정치적·경제적 준비를 해나간다면, 세계 시장에 석탄과 광석을 수출할 수 있을 것이라고 확신했다. 전시회장에서 양손을 허리에 대고 찍은 사진에는 당시 그가 가졌던 자부심과 확신이 그대로 나타나 있다.

∟ 한 결혼의 초상

니나는 팔친스키만큼이나 활동적이었다. 팔친스키가 산업과 무역에 관심을 가졌다면, 그녀는 노동자 교육과 여성의 사회적 지위에 주목했다. 러시아를 떠나기 전 그녀는 상트페테르부르크, 이르쿠츠크, 돈바스 등지에서 노동자들을 위한 특별 학교에서 교사로 근무했다. 그녀는 학생들이 글을 읽고 쓸 수 있도록 도와주었을 뿐 아니라, 개혁과 변화를 위한 정치 교리를 가르쳤다. 영국·프랑스·벨기에 등지에서 그녀는 참정권과 고등교육을 위한 여성들의 투쟁을 공부했고, 상트페테르부르크에서 발행된 페미니스트 잡지

《여성 동맹The League of Women》에 그와 관련한 기사를 쓰기도 했다.

니나의 가족은 대대로 개혁을, 심지어 혁명을 지지했다. 그녀의 선조 N. S. 보브리셰프 – 푸시킨Bobrishchev-Pushkin과 P. S. 보브리셰프 – 푸시킨은 1825년에 차르를 폐위하고 입헌 정부를 세우려다 실패한 데카브리스트Decembrist 당원들이었다. 그들은 체포되어 시베리아로 각각 무기와 12년의 유배형을 받았다. 니나의 아버지 알렉산드르 미하일로비치 보브리셰프 – 푸시킨Alksandr Mikhailovich Bobrishchev-Pushkin은 작가이자 법률가로 상트페테르부르크 순회재판소 소장과 차르 정부의 법률 자문역을 맡았다. 그는 법률 시스템의 개혁을 주장했는데, 특히 종교 문제에 관한 양심의 자유를 강조했다.[29] 그가 사망한 후에 출판된 시들에서 그가 성공적으로 보이는 법조계 생활에 실망감을 깊이 품고 있었다는 것이 확인된다.[30]

제정 러시아 말기의 맥락 속에서 니나와 표트르 팔친스키 부부는 그들 부모에 비해 상당히 급진적인 편이었음을 알 수 있다. 적어도 처음에는 그랬다. 그들은 자본주의 경제학뿐만 아니라 부르주아 사회 관계에 대해서도 비판적이었다. 그들은 자본주의 사회에서 일반적인 결혼 제도는 어리석고 자기중심적인 것이라고 믿었다. 한 사람이 자신의 인생을 정당화하는 방식은 배우자, 섹스, 자녀, 편안한 생활에서 개인 행복을 추구하는 것이 아니라 사회 발전을 위해 노력하는 데에 있다는 것이었다.

팔친스키 부부는 종종 그들의 급진적 사회, 정치 이념과 사적 감정 사이의 충돌로 말미암아 어려움을 겪었다. 인정하기 싫었겠지만 그들은 생각보다 평범한 사람들이었던 것이다. 니나는 평생 아이를 갖지 않겠다고 선언해 팔친스키의 마음을 아프게 했다. 물론 두 사람은 자녀를 갖게 되면 사회 문제보다 가족 문제에만 관심이 쏠리게 되리라는 것에는 동의했다. 그들은 이런 삶을 살고 싶지 않았다. 팔친스키는 부부 사이가 평등해야 한다고 생각한다고 주장했지만, 그 역시 결혼 초기에 끊임없이 새로운 지역으로 옮겨 다니면서 니나에게 가족의 보금자리라는 전통적 아내의 역할을 강요할 수밖에 없었다. 그가 유배지나 감옥에 갇혀 지내게 되면서 니나는 남편에 대한 조력자 역할에 충실했다. 그녀는 감옥에 생활필수품이나 음식을 보내 주는 옥바라지를 하고, 정부의 관련 기관에 쫓아다니며 그의 감형을 위해 청원하는 일을 도맡을 수밖에 없었다.

팔친스키 부부는 부부 사이에 성적 관계보다 정치적·사회적 연대連帶가 더욱 중요하다고 믿었다. 니나는 심지어 섹스가 파괴적이고 수치스러운 행위라고 생각한다고 말하기도 했다. 그녀는 1908년 2월 상트페테르부르크에서 유럽에 머물고 있던 팔친스키에게 보낸 편지에서 톨스토이를 읽고 있다고 썼다.[31]

"나는 〈크로이처 소나타Kreutzer Sonata〉를 깊이 생각하며 다시 읽고 있어요……. 모든 것이 그가 말하는 대로 된다면 아주 훌륭한 인생이 될 거예요. 결혼은 정신적 관계, 즉 정신적 친밀감과 우애, 살아 있는 동지 관계겠지요. 육체 관계는 오직 재생산을 위해서만 맺고 횟수가 줄어들 것입니다. 그러한 관계는 쾌락을 추구하기 위한 목적을 위해서가 아니라, 반대로 인간을 폄하하는 것으로 수치스럽게 생각해야 해요. 물론 그것은 부부 사이에서만 허용되어야겠지요. 이러한 세상은 얼마나 순수할까요!"

비록 니나는 추상적 차원에서 금욕적이고 플라톤적인 부부 관계의 이상에 이끌렸지만, 자신과 팔친스키의 관계가 그러한 이상에 미치지 못한다는 것을 잘 알고 있었다. 팔친스키는 여행 중에 다른 여성에게 성적 위로를 받은 적이 있다고 고백하기도 했다. 그 정도까지는 아니었지만 니나 역시 다른 남성에게 끌린 적이 있다고 털어놓았다. 그녀는 자신과 남편이 범한 오류에 후회하는 마음이 들었지만, 결국에는 크게 중요한 문제가 아니라고 생각했다. 그보다 중요한 것은 사회 전체의 이득을 위해 서로 헌신하는 것, 서로에 대한 솔직함, '영혼의 공동체'였다.

1909년부터 1913년까지 팔친스키 부부가 서유럽에 머물고 있을 당시, 그들은 별거 생활을 하면서 각자 일에 몰두했다. 니나와 그녀의 어머니는 주로 토리노나 제노바에 살면서 제네바의 크로폿킨 가족을 자주 방문해 사회주의와 러시아에 대해 대화를 나누었다. 니나는 자주 여행을 다니며 교육·예술·여성운동에 대한 관심을 넓혀 나갔다. 팔친스키 역시 광업·공업·항구 관리 등과 관련된 일을 계속했다. 그들은 서로 다른 관심 때문에 따로 여행할 수밖에 없었는데, 독립적인 두 사람은 별거하는 것이 당연하다고 생각했다. 하지만 그들은 이탈리아어로 편지를 지속해서 주고받고, 서로의 애칭을 여러 언어로 만들어 부르곤 했다. 때때로 그들은 베네치아, 밀라노, 로마, 파리 등지에서 만나 같이 시간을 보냈다. 그럴 때면 그들은 십대들처럼 관광지 앞에서 팔짱을 끼고 친구들이나 행인들에게 사진을 찍어달라고 부탁하기도 했다.

섹스가 결혼 생활에 영향을 줄 정도로 중요하지는 않다는 니나의 믿음은 곧 시험에 들게 되었다. 1909년 12월 팔친스키는 비엔나의 비타Vita와 알프레드 셴크Alfred Shenk의 집에 사흘 간 머물게 되었다. 셴크 부부는 유리Iurii와 올가라는 두 자녀와 함께 살고 있었다. 팔친스키 부부와는 달리, 셴크 부부는 자녀들을 애지중지했고 20세기 초 비엔나가 제공하는 부르주아적 즐거움을 향유하며 평범한 삶을 살았다. 하지만 그들은 서로에게 불만이 있었다. 특히 비타는 지나치게 가족중심적 삶에 답답함을 느꼈다. 셴크 부부집에서 돌아오는 기차 안에서 팔친스키는 니나에게 그들 가족의 사정을 묘사하는 편지를 썼다. 이 편지에서 그는 자신이 오래전에 비타에게 끌린 적이 있으며, 이번 방문을 통해 감정이 되살아났다고 고백했다. 비엔나에 잠시 머무는 동안 비타와 연인 관계로 발전했다는 것이었다.

니나의 첫 반응은 자신의 신념에 걸맞게 사랑과 이해로 가득 차 있었다.[32]

"사랑하는 페티크Petik(팔친스키의 애칭), 오늘 나는 비타 이야기로 가득 찬 당신의 편지를 받았어요. 당신의 아내이자 친구에게 이토록 솔직하게 이야기 해주어 고맙습니다. 우리가 서로의 모든 것을 단순하고 정확하게 공유할 수 있다는 것은 매우 좋은 일입니다……. 나는 당신에게 질투의 감정을 갖고 있지 않고, 당신을 비난하는 말을 할 생각조차 없어요. 우리는 무엇보다도 인간이고, 서로 친구이며, 더구나 남자이고 여자이지요. 나 역시 종종 다른 사람을 생각하는 마음이 있다는 것을 숨기고 싶지 않아요. 하지만 내가 그들을 좋아하는 것이 나의 페티크를 이 세상 누구보다 사랑하는 것을 막거나, 오직 나만이 당신의 열정적인 감정을 느낄 수 있는, 떼어낼 수 없는 나머지 절반이라는 사실을 막을 수는 없어요……. 셴크 부부는 도대체 왜 그들의 자녀들을 맹목적으로 대하지요? 아이들이 아픈가요? 어쩌면 그토록 부르주아적인 삶을 살까요! 그들에 대한 당신의 편지를 읽었을 때, 나는 내 머리가 봉지 안에 들어있는 것처럼 숨이 막혀왔습니다. 그들의 인생은 우리 여정, 특히 아나키즘을 향한 당신의 꿈과 얼마나 동떨어져 있는 것입니까? 우리 인생은 드넓은 세상, 인류 전체를 향한 것이고, 그들의 인생은 답답한 가족 생활과 프티부르주아적인 관심에 국한되어 있습니다."

그로부터 몇 주 동안 니나는 팔친스키와 비타에 대한 생각으로 머리가 복잡했다. 결국 이해와 관용은 질투심에게 자리를 내어줄 수밖에 없었다. 팔친스키의 불륜 행각에서 니나가 가장 속상했던 것은 비타와의 관계가 자신과의 결혼 이전에 시작되었다는 데 있었다. 이는 그들의 관계에 어쩌면 가벼운 육체적 만남을 넘어서는 무언가가 있다는 것을 의미하는 것일 수도 있었다. 만약 그렇다면 니나와 팔친스키의 관계의 근간을 이루는 '영혼의 공동체'를 위협하는 것이었다. 팔친스키가 10년 동안이나 마음속에 간직하던 여인이 있었다면, 이는 심각한 문제가 아닐 수 없었다.

첫 번째 편지를 보낸 지 한 달 정도 지났을 때, 그녀는 두 번째 편지를 겐트Ghent에서 보냈다.[33]

"당신이 비엔나에서 머문 후 기차에서 보낸 편지는 안타깝게도 여인으로서 나의 힘에 부치는 짐을 안겨주었습니다. 그런 방식이라면 나는 나의 페티크, 특히 그의 영혼을 나눌 수 없어요. 매우 고통스럽겠지만, 꼭 필요하다면 감내하겠습니다……. 가장 어두운 순간에는, 나를 향한 당신의 사랑이 실수였다는 생각이 들어요. 당신은 오직 한 사람만을 사랑했었고, 그랬기 때문에 단 사흘 만에 그 여인은 다시 당신의 영혼을 사로잡을 수 있었겠지요. 결국 나는 배경으로 완전히 사라져버렸습니다."

처음에는 관용을 보이다가 나중에는 공공연한 질투심을 표현했던 것이 그들의 결혼 생활을 유지하기 위한 가장 현명한 선택이었을지도 모른다. 팔친스키는 지속적으로 니나에게 사랑을 담은 편지를 썼고, 이 사건은 점차 이후의 편지들에서 사라져갔다. 하지만 그들은 여전히 연애 감정과 섹스에 대한 부르주아적 태도를 거부한다고 주장했다. 그들은 셴크 부부와 이후로도 오랫동안 친구로 지냈다. 적어도 남들 눈에 팔친스키 부부의 관계는 사회적·정치적 사안들에 대한 공통의 관심을 매개로 결속된, 애정이 넘치는 동지 관계로 보였다.

└ 러시아로의 귀환

팔친스키가 계속 러시아에 머물렀었다면, 1913년에 시베리아 8년 유배형이 끝났을 것이다. 그해는 또 로마노프 왕조 300주년을 맞는 해이기도 했다. 이러한 상황 속에서 그는 차르 정부로부터 사면을 받았고 그와 니나는 조국으로 돌아올 수 있었다. 그는 러시아로 돌아온 이후 1916년에 러시아의 '자연 자원을 합리적으로 이용하기 위한 연구'를 수행하는 연구소를 설립했다. '지구 표면 및 심부深部 연구소Institute of the Surface and Depths of the Earth'라는 이름으로 알려진 이 연구소는 천 년 전 고대 키예프의 역사서에서 따온 문구를 슬로건으로 삼았다.

"우리의 땅은 위대하고 풍요롭다. 그러나 그곳에는 질서가 없다."

팔친스키는 바이킹을 끌어들였던 고대 키예프인들처럼 외국인을 초빙하는 것이 아니라, 경제 발전 문제에 현대 엔지니어링 방법론을 적용함으로써 질서를 구축하는 것이 자신의 목표라고 선언했다. 연구소는 광공업에 대한 연구를 주로 다루는《지구 표면 및 심부The Surface and Depths of the Earth》라는 제목의 학술지를 출판하기 시작했다.

많은 사람들이 그렇듯, 팔친스키 역시 나이를 먹어가고 사회적 인정을 받아갈수록 점차 정치적·경제적·개인적으로 보수적으로 변해갔다. 그는 광업 회사의 이사직을 맡았고 재계 인사들과 가깝게 지냈다.[34] 제1차 세계대전 중에 그는 방위산업의 고문으로 활동하고 정부 전시산업위원회War Industry Committee의 부위원장을 맡기도 했다.[35] 전시산업위원회 활동을 통해 그는 적어도 전시에는 중앙 집중적 산업 계획이 확실히 장점이 있다는 것을 인식하게 되었다. 크로폿킨이 강조했던 경제 활동의 탈집중은 예전만큼 매력적이지 않게 된 것이다. 하지만 기술을 공익에 복무하도록 만들기 위한 크로폿킨의 관점은 그에게 지속적으로 영향을 미쳤다. 그는 자신을 민주사회주의자democratic socialist라고 생각했으며, 차르 정부를 위해 일하면서도 정부의 전복을 지지했다.

팔친스키는 왕정이 무너진 이후 1917년 2월에 세워진 임시정부Provisional Government의 열렬한 지지자였다. 그는 임시정부야말로 러시아에서 민주 정부를 세울 수 있는 가장 좋은 기회라고 생각했다. 그는 사회주의자-혁명가당의 정식 당원은 아니었지만, 당의 우익 진영 인사들과 행보를 같이했다. 임시정부에서는 무역산업부 차관과 페트로그라드 총독 비서관 등 몇몇 공직을 맡았다. 무역산업부에서 일하면서 군사적 상황의 필요에 따른 비상조치로서 가격 및 임금 통제를 찬성해 좌익 진영과 갈등을 빚기도 했다.[36]

볼셰비키 신화에 따르면 1917년 10월 25일 밤, 임시정부의 고위 관료들이 피난처로 삼았던 동궁Winter Palace을 점령하는 군사 작전은 영웅적 사건이었다. 하지만 실상 동궁은 정면 공격이 아니라 잠입 작전으로 무너졌고, 그 과정에서 사망자는 오직 몇 사람만이 발생했다.[37] 궁이 점령되기 전날, 장관들은 복지부 장관 니콜라이 키시킨Nikolai Kishkin을 상트페테르부르크 총독으로 임명했다. 키시킨은 팔친스키와 표트르 루텐베르크Peter Rutenberg라는 엔지니어 두 명을 비서관으로 임명했다. 이 세 사람은 동궁 방어 계획을 세우는 임무를 맡았다.[38]

팔친스키는 임시정부 요인들이 얼마나 규율과 신념이 부족한지를 보고 충격을 받았고, 상황이 호전되리라는 기대를 걸 수 없으리라고 생각했다고 기록했다.[39] 하지만 주어진 상황 속에서 준비할 수 있을 만큼의 '방어'에 최선을 다했으며, 심지어 궁 안을 헤매고 다니던 볼셰비키 당원 몇 명을 체포하기도 했다. 이로써 그는 소련 공산당 역사에서 볼셰비키 혁명에 저항한 인물로 맹비난을 받게 될 것이었다. 그는 임시정부의 정당성에 확신이 있었고, 민주적으로 선출된 대안 세력에게 권력을 이양해야 한다고 생각했다. 곧 소집될 제헌의회Constituent Assembly에도 기대를 걸고 있었다. 하지만 임시정부 내각이 동궁 내 공작석실Malachite Chamber의 테이블에 둘러앉아 있는 동안 볼셰비키 부대가 들이닥치자, 그는 몇 명 남지 않은 경비병들에게 총을 쏘지 말라고 명령했다.[40] 그를 포함한 임시정부의 수뇌부는 포로로 잡히고 말았다.

2장

정치범, 소비에트의 컨설턴트가 되다

■

□

한밤중에 적군 경비대에게 체포된 지 몇 시간 후, 팔친스키와 임시정부 관계자 몇 명은 목숨이 위태로운 지경에 빠지게 되었다. 상트페테르부르크 동궁 내 공작석실로 뛰어든 볼셰비키 지지자 중 한 사람은 정부 수반 알렉산드르 케렌스키Aleksandr Kerensky가 이미 도주했다는 사실을 알게 되자 불같이 화를 내며 "그 개자식들을 모두 대검으로 당장 해치워버려!"라고 소리쳤다.[41] 하지만 볼셰비키 부대의 대장 블라디미르 안토노프-옵세옌코Vladimir Antonov-Ovseenko는 "임시정부 관계자들은 모두 체포되었다. 그들은 페트로파블롭스크 요새Peter-Paul Fortress에 감금되어 있다. 나는 그들에 대한 폭력을 용인하지 않을 것이다"라며 사람들을 진정시켰다.[42] 그는 포로들을 동궁에서 데리고 나와 네바Neva강을 건너는 다리 반대편의 가까운 감옥으로 호위해 데려가도록 명령했다.

팔친스키와 임시정부 관계자들이 어두운 밤거리에 들어서자마자 볼셰비키 지지자들은 그들을 둘러싸고 정부 관계자들을 참수해 강에 던져버릴 것을 요구했다. 바로 그때 주변에서 총소리가 들려왔다. 페트로파블롭스크 요새를 점령하고 있던 볼셰비키 군인과 선원들이, 다가오는 군중을 보고 자신들이 공격받고 있다고 오해해 기관총을 마구 난사하기 시작했던 것이다. 갑작스러운 사격에 놀란 군중은 혼란에 빠졌고 모두 몸을 숨길 곳을 찾아 달리기 시작했다. 호위 임무를 맡은 적군 경비대원들은 그 와중에도 포로들을 서둘러 다리 건너 요새까지 안전하게 데려가는 데 성공했다.[43]

감옥 안에서 적군 병사들은 팔친스키와 관료들의 수를 헤아리고 이름을 적은 후 오랫동안 러시아 반체제 인사들을 감금해왔던 트루베츠코이 보루Trubetskoi Bastion의 감방에 가두었다. 수 년 전 팔친스키의 스승 크로폿킨도 이곳에 감금된 적이 있었다. 감방에서 팔친스키는 다른 죄수들과 섞여서 지냈는데, 몇몇은 몇 개월 전 왕정이 무너지기 이전부터 갇혀 있던 자들이었다. 이후 넉 달에 걸쳐 그는 사회주의·군주제·자유민주주의 등 다양한 스펙트럼의 정치적 지향을 가진 죄수들과 함께 생활했다. 당시 감금되어 있던 죄수들 중 유명 인사로는 임시정부에서 재무장관과 외무장관을 맡던 우크라이나 출신 사업가 미하일 테레셴코Mikhail Tereshchenko, 혁명 전 의회 반동주의 계파 수장이던 블라디미르 푸

리시케비치Vladimir Purishkevich, 저명한 사회학자로 나중에 하버드 대학교 교수가 된 피티림 소로킨Pitirim Sorokin, 1909년부터 1916년까지 차르 정부의 병무대신이던 블라디미르 수호믈리노프Vladimir Sukhomlinov, 입헌민주당Constitutional Democratic Party의 지도자들이던 표도르 코코시킨Fedor Kokoshkin과 안드레이 신가레프Andrei Shingarev 등이 있었다.

죄수들이 감금된 감방은 비좁고, 두꺼운 쇠창살로 된 창이 나 있어 매우 추웠으며 지저분했다.[44] 그들의 하루 일과는 엄격했지만 비인간적이라고 할 정도는 아니었다. 오전 7시에 기상하면 죄수들은 더운물, 설탕 약간, 빵 4분의 1 파운드를 받았다. 정오에는 더운물, 양배추 약간, 고기 소량이 배급되었다. 오후 4시에는 차를 주었다. 오후 7시에는 저녁 대신에 더운물이 더 제공되었다. 저녁 8시부터 10시까지는 죄수들이 섞여서 서로 소문을 주고받을 수 있었다. 감방에는 전기 시설이 되어 있었는데, 전력 공급은 하루에 한 시간 정도로 제한되었다. 편지는 매일 보낼 수 있었고, 일주일에 한 차례씩 면회가 허용되었다. 니나는 팔친스키를 정기적으로 찾아와 그가 쓴 원고들을 가지고 갔다. 그중 러시아 경제생활의 복원에 관한 논문은 '감방 창문을 통해 본 풍경'이라는 표현이 삭제된 채 출판되기도 했다.[45]

팔친스키와 동료 죄수들은 러시아인들 사이에서 차르들의 묘지라고 알려진 요새의 성당에서 집전되는 미사에 참석할 수 있었다.

몇몇 죄수들은 종교가 없었지만 모두 러시아의 유명한 역사적 인물들의 묘소를 볼 수 있는 기회를 손꼽아 기다리곤 했다. 죄수들 중에 러시아 역사를 잘 아는 사람이 폭력과 부패가 난무하는 옛 통치자들의 시대에 대한 이야기로 사람들을 즐겁게 해주기도 했다.

감옥에서 팔친스키의 기분은 처음에는 썩 괜찮은 편이었다. 동지들 상당수가 그랬듯이 그 역시 예전에 감옥에 들어와본 적이 있어 살아서 나가게 될 것이라는 확신이 있었다. 그는 죄수들 사이에서 조장starosta으로 선출되었다. 1917년 10월 28일에 그는 니나에게 편지를 썼다.

> "진정하고 걱정하지 말아요. 당신도 알듯이 나는 상황이 나빠질수록 더 침착해진답니다…… 제발 나를 위해 무리하지 않았으면 좋겠습니다."[46]

그로부터 이틀 후 팔친스키는 "나는 8개월 동안의 비참한 생활 끝에 처음으로 휴식다운 휴식을 취할 수 있었고, 심지어 평온함을 방해하는 사람이 없다는 사실에 감사하기까지 했다"라고 기록했다. 편지에 자신이 머물던 43호 감방 모습을 그림으로 그려 보내기도 했다. 열흘 후 아내에게 보낸 편지에서 그는 간수들이 볼셰비키당 기관지《프라우다Pravda》를 비롯한 신문을 읽게 해주었다고 썼다. 편지가 검열되고 있다는 사실을 알고 있었지만《프라우다》를 '거짓말투성이'라고 비판했고, 편지가 아내 손에 도달하기까지 검열관들의 '더러운 손'을 거치게 될 것이라고 농담을 할 정도로 여유를 되찾았다.[47]

그러나 죄수들의 상황은 곧 악화되기 시작했다. 교도소장 파블로프Pavlov는 급진적 군인들이 요새로 쳐들어와 그곳에 머문다고 알려진 '구체제의 지도자들'을 죽여버리겠다고 위협한다고 경고했다. 실제로 팔친스키와 함께 감금되어 있던 코코시킨과 신가레프는 결핵 치료를 위해 교도소 병원에 머물고 있을 때 들이닥친 급진 혁명 세력들에게 살해되고 말았다. 이 끔찍한 일이 알려지자 죄수들의 사기는 곤두박질쳤다.

∟ 감옥에서 석방되다

1918년 초가 되자 볼셰비키 정부는 '부르주아 전문가'들에게 보다 관용적인 태도를 보이기 시작했다. 경제 재건과 내전 수행을 위해서는 이들의 도움이 필요했던 것이다. 팔친스키는 1918년 3월 7일 페트로파블롭스크 요새에서 석방되었다. 하지만 석방된 지 3개월 후인 1918년 6월 25일에 특별한 혐의 없이 다시 체포되었다. 이번에는 거의 9개월 동안 갇혀 있었다. 팔친스키가 수감되어 있을 때 좌익 사회주의자–혁명가당Left Socialist Revolutionaries 일파가 레닌에 테러 공격을 감행했다. 그에 대한 보복 조치로 소비에트 정부는 추가적인 불상사가 있을 경우 팔친스키를 포함한 저명한 죄수 122명을 총살시킬 것이라고 공언했다.

하지만 9년 전 의붓 여동생 율리아가 말했듯이 팔친스키는 러시아 인형처럼 다시 한 번 죽음을 피할 수 있었다. 팔친스키의 기술적 업적을 잘 알던 스위스인 사회민주주의자 카를 모오르Karl Moor가 레닌에게 탄원서를 보냈던 것이다. 모오르의 탄원서를 읽은 레닌은 비밀경찰 페트로그라드 지부장이던 그리고리 지노비예프Grigorii Zinoviev에게 다음과 같은 편지를 보냈다.[48]

> "스위스인 카를 모오르 동지가 팔친스키는 많은 책을 저술한 저명한 기술자이자 경영자이기 때문에 석방시켜야 한다는 긴 편지를 보냈습니다. 팔친스키가 케렌스키 정권하에서 여러 가지 일을 했다는 사실을 들은 적이 있습니다.
>
> 현재 팔친스키의 혐의에 어떤 증거가 드러났는지는 알지 못합니다. 심각한 것입니까? 사면법이 왜 그에게 적용되지 않은 것입니까?
>
> 그가 과학자이자 저술가라면, 그리고 그에게 심각한 혐의가 있다면, 그에 대해 가택이나 실험실에 연금시키는 정도의 특별 조치를 취할 수 있지 않을까 합니다."

팔친스키에게 심각한 혐의는 없었다. 그리고 그의 재능은 산업 관련 직무에 대해 구체제 전문가들을 고용하려는 소련의 새로운 정책과도 잘 부합하는 것이었다. 팔친스키는 1919년 3월 17일에 다시 석방되었다. 이후 8~9개월 동안 그는 다시 체포될 것을 우려해 아내가 사는 페트로그라드로 돌아가지 않고 모스크바에서 친구 I. M. 굽킨Gubkin, L. T. 라비노비치Rabinovich과 함께 지냈다.

처음에 팔친스키는 혁명 직후 러시아의 기술 전문가들 대부분이 그랬듯이 볼셰비키에 적대적 입장을 취했다. 볼셰비키가 강제로 권력을 찬탈했다고 생각했던 것이다. 하지만 서서히 그는 새로운 소비에트식 정치 및 경제 체제의 매력적인 측면을 발견하기 시작했다. 볼셰비키는 계획 경제를 지향했고, 산업·과학·기술을 진흥시키는 일을 매우 중시했다. 혁명 훨씬 이전부터 팔친스키는 사회주의자였고, 제1차 세계대전 중에는 군수산업의 행정가로서 계획 경제적 발상에 익숙해 있었다. 그는 어쩌면 러시아의 새로운 지도자들과 함께 일할 수 있을지도 모르겠다고 생각했다.

팔친스키는 볼셰비키가 승리한 직후 생겨나기 시작한 각종 계획 기관들에서 일하겠다고 자원해, 곧 매우 바빠졌다. 석방된 지 몇 주 후인 1919년 3월 중순에 이미 소비에트의 기관 여러 곳에서 자문을 하고 있었다. 그가 페트로그라드의 집으로 돌아가지 못할 정도로 경찰 감시를 피하고 있으면서, 동시에 볼셰비키 정부의 일을 하기 시작했다는 것은 아이러니했다. 니나가 페트로그라드로부터 편지를 보내 제발 눈에 띄는 행동을 하지 말라고 조언했지만, 팔친스키는 아내의 조언을 무시한 채 모스크바의 경제 및 군사 관계자들과 긴밀하게 연락을 주고받았다.

1919년 4월 23일에 니나는 체카Cheka(비밀경찰)가 그들의 지인 중한 명을 최근에 체포했다는 소식을 전하며 팔친스키에게 "페트로그라드로 돌아오는 것은 생각도 하지 말라"고 썼다.[49] 또 자신이들은 소문도 일러주었다. 니나의 정보원에 따르면, 레닌이 공산당중앙위원회 회의 석상에서 팔친스키를 통상산업인민위원commissar of trade and industry으로 내정하도록 추천했는데, 반대에 부딪혀 취소했다는 소식이었다. 반대파 중 한 명이 비꼬듯 "차라리 밀류코프Miliukov로 하시지요"라고 말했다는 것이다. 밀류코프는 자유주의 지도자이자, 임시정부의 외무장관을 역임했고, 볼셰비키의 정적으로 유명한 인물이었다.[50] 팔친스키가 경찰을 피해 다니고 있을 당시 볼셰비키 지도자가 그를 소비에트 정부 고위직으로 고려하고 있었다는 이야기는 매우 흥미롭지만, 아마도 사실이 아니었을 가능성이 높다. 레닌은 팔친스키의 기술적 능력을 높이샀지만, 팔친스키를 정치적으로 신뢰할 수 없다고 생각해 그 정도로 책임 있는 위치에 임명하려 했을 가능성은 매우 낮다.[51] 팔친스키에 대한 모순된 소문들은 당시의 혼란상을 잘 보여준다.

1919년 6월 18일에 니나는 더욱 불길한 이야기를 전했다. 이에따르면, 경찰이 페트로그라드의 아파트로 찾아와 "팔친스키가 여기에 살고 있습니까?"라고 물었다. 한 이웃이 "그 사람은 여기에 살지 않은 지 꽤 되었습니다"라고 대답했다고 한다. 이런 이야기를 전하면서 니나는 다음과 같이 덧붙였다.[52]

"찾아온 자들이 지역경찰인지 비밀경찰인지 알 수는 없었어요. 하지만 그 빌어먹을 놈들은 당신을 잊지 않고 있어요.

당신이 앞으로 상당히 오랜 시간 동안 페테르부르크에 살 수 없다는 것은 명확합니다. 내 생각에 당신이 모스크바 여러 곳에서 일하고 있다는 사실은 좋기도 하고 나쁘기도 해요. 물론 당신 이름이 어디서든, 누구에게든 거명되지 않는 것이 최선일 거예요. 하지만 당신이 그들을 위해 일하고 있기 때문에 당신에게 사보타주 혐의를 씌울 수는 없겠지요."

이어서 자신이 로맹 롤랑Romain Rolland의 《장 크리스토프》를 읽고 있는데, 이 소설 주인공이 팔친스키와 얼마나 닮았는지에 대해 깜짝 놀랐다고 썼다.

"이런 문장들은 그와 당신을 잘 표현하고 있어요.

'그는 삶과 행동을 향한 고집스러운 욕망을 갖고 있었다……. 구차하게 목숨을 부지하느니 충실하게 살고 빠르게 불타버리는 것이 나을 것이다.' 또, '그는 할 일이 아무것도 남아 있지 않을 때까지, 마지막 가능성에 다다를 때까지 행동하는 종류의 사람이었다.'

나는 당신이 이런 사람이라고 생각해요."

└ 소비에트 정부의 컨설턴트

팔친스키는 산업 계획에 관한 자신의 생각과 볼셰비키의 열망을 통합하기 위해 마지막 가능성에 다다를 때까지 행동하고 있었다. 특히 불과 몇 년 안에 러시아 전체에 전기를 공급하겠다는 계획에 큰 기대를 걸고, 사회주의 중앙 계획 경제가 자본주의 경제에 비해 빠른 속도로 전기화電氣化를 이룰 수 있다는, 당시에 꽤 유행했던 생각을 받아들였다.[53]

그는 광산학교의 교수가 되었고 여러 프로젝트의 컨설턴트로 활동했다. 그가 당시에 참여하던 프로젝트 중에는 드네프르Dnieper 강변의 거대 댐 건설, 인구 밀도와 광상鑛床 지도 작성, 철도와 광산 건설, 각종 항만 건설 등이 있었다.[54] 그의 능력을 알아본 정부 계획 기관 여러 곳에서 그에게 작업을 부탁했다. 얼마 되지 않아 그는 소비에트 러시아에서 가장 유명한 엔지니어로 부상했고, 러시아기술학회Russian Technical Society 회장 및 전러시아엔지니어협회 All-Russian Association of Engineer 최고간부회presidium의 임원직을 맡게 되었다. 이 무렵 그는 정부 위원회들을 위해 논문과 보고서를 수십 편 작성하는 등 엄청나게 활발한 활동을 벌였다.

1922년에 팔친스키는 크로폿킨을 공개적으로 추모함으로써 젊은 시절의 아나키스트 성향을 드러냈는데, 이 때문에 또다시 두 달 동안 투옥되었다.[55] 이번에는 국가계획위원회State Planning

Commission, Gosplan 의장 글레프 크르지자놉스키Gleb Krzhizhanovskii
의 도움으로 풀려날 수 있었다. 팔친스키는 금속산업에 관한 보고
서를 작성하는 중요한 임무를 맡았는데, 감옥 안에서까지 컨설팅
과제를 계속 수행할 정도로 시급한 일이었다. 보고서 최종 제출일
이틀 전인 1922년 1월 16일에 크르지자놉스키는 모스크바 경찰
청에 다음과 같은 탄원서를 제출했다.[56]

> "국가계획위원회 상임 컨설턴트인 엔지니어 P. A. 팔친스키는 올해 1
> 월 18일 오후 3시에 남부야금회사Southern Metallurgy의 재건 방안에 대
> 한 보고서를 남부지국Southern Bureau에 제출하게 되어 있습니다. 이 과
> 업은 현재 국가 발전에 심대한 중요성을 가지기 때문에 국가계획위
> 원회 최고간부회는 혁명재판소Revolutionary Tribunal, Revtribunal가 팔친
> 스키 동지를 상기 시간까지 석방해 그가 과업을 수행할 수 있게 해줄
> 것을 요청하는 바입니다."

이로써 팔친스키는 소비에트 감옥에 세 차례 투옥되었고 세 차
례 석방되었다. 그는 석방되자마자 산업 컨설팅 과제에 몰두해,
이내 러시아 최고 엔지니어의 명성을 회복할 수 있었다. 그는 끊
임없이 여행을 다니면서 정부 위원회에 제출하기 위한 수많은 보
고서를 작성했고, 이를 통해 광공업을 진흥시키기 위해 노력했다.

1920년대 초에 팔친스키와 가까웠던 인물은 재무 전문가로서

국립 은행State Bank 설립을 돕던 모리스 레이저슨Maurice Laserson이었다. 레이저슨의 기록에 의하면, 그는 1923년 5월 어느 회의 자리에서 팔친스키에게 또다시 체포될까 두렵지 않느냐고 물었다. 팔친스키는 이렇게 말했다.

> "내가 이곳에 머물고 있는 이유는 이곳에서 일하고 싶기 때문입니다. 여기가 내 집이에요. 이미 많은 일들을 겪었는데 더 이상 무엇이 두렵겠습니까. 나는 더 이상 그들과 싸우고 있지 않은데, 그들이 나를 가두어놓을 이유가 없겠지요. 러시아 속담에 이런 말이 있습니다. '두 번 죽을 수는 없지만, 한 번 죽는 것을 피할 수도 없다.'"

레이저슨에 따르면 팔친스키는 "이제 소비에트 체제가 파괴에서 재건의 과정으로 돌입한 이상, 모든 러시아 지식인들은 조국을 위해 헌신할 의무와 필요성이 있습니다. 이는 현재의 폭력 체제를 얼마나 싫어하고 혐오하느냐와는 관계없는 일입니다"라고 말했다.[57]

팔친스키는 소련의 광업을 진흥시키기 위해 노력을 기울이는 와중에, 엔지니어링 전문가 회합에서 자신이 쓴 시들을 낭송하기도 했다. 번역 과정에서 운율은 잃을 수밖에 없지만, 그가 1925년 광업연구소 소속 엔지니어들을 위한 만찬장에서 낭송한 시의 일부를 다음 인용한다.[58]

우리는 과학의 힘을 믿는다.

인생의 길을 힘차게 걸어가며,

우리의 후손들이,

존경하는 마음으로 기억해 주기를 바란다,

광업에 노력을 쏟아부은 우리들을.

오랫동안 우리 안에 타오른 것은 무엇인가.

억압으로 인한 고통은 또 어땠는가.

우리가 마지막 힘까지 낼 수 있게 해준 것은 무엇이었나.

이 모든 것들을 말할 수 있게 되고,

모두의 건배로 승인받을 수 있게 하라.

광업이여 성장하라.

연구소여 활짝 꽃피어라.

우리의 노동이 더욱 강해지고,

더욱 지적이고 숙련되게 될지어다.

광업의 번영을 위해 축배를!

└ 공산당과의 갈등

팔친스키는 소비에트 당국 및 공산당과 함께 산업을 계획하고 러시아를 부강하게 만드는 데 참여하기를 간절히 바랐지만, 그는 자신이 속한 조직을 공산당이 장악하는 것에는 강력하게 저항했다. 국가로서 러시아의 이익은 지지했지만, 공산당의 이익에는 반대하는 입장이었다. 1924년 12월에 공산당이 전러시아엔지니어협회에 대한 통제를 강화하면서 강제로 협회 지도부를 유순한 인물들로 교체하자 그는 협회에서 탈퇴해버렸다.[59] 나중에 다시 가입하라는 권유를 받았을 때, "안타깝게도, 협회가 자유로운 엔지니어들의 연합체라는 느낌이 들고 낙하산으로 내려온 지도부가 사퇴하지 않는 이상, 내가 돌아올 일은 없을 거요"라고 대답했다.[60]

공산당원들이 가입할 수 있는 모든 조직을 장악하려는 의도가 있다는 것을 간파한 팔친스키는 그들이 지구 표면 및 심부 연구소에 침투하는 것을 막기 위해 노력했다. 저명한 지질학자이자 석유 엔지니어 굽킨이 1921년에 자신이 공산당에 가입할지도 모르겠다고 하자, 팔친스키는 그렇게 된다면 "연구소로서는 조치를 취할 수밖에 없다"고 말했다.[61] 팔친스키의 오랜 친구 굽킨은 자신이 공산당에 가입하기로 결정한다면 공개적으로 가입할 것이고 그에 따른 모든 책임을 지겠다고 퉁명스럽게 대답했다. 동시에 연구소에 사표를 제출했다. 결국 연구소를 공산당 영향력에서 자유롭게 유지하려는 팔친스키의 목표는 이룰 수 있었다. 굽킨은 얼마 후 공산당원이 되었고 과학아카데미를 비롯한 여러 기관에서 공산당의 통제를 강화하기 위해 활발하게 활동했다. 굽킨은 아카데미 회원으로 선정된 첫 번째 공산당원 중 한 명이었다.[62]

팔친스키는 거침없는 언행 탓에 종종 곤경에 빠졌다. 1920년대 초에 그는 국가계획위원회의 상임위원으로 임명되어 정기적으로 회의에 참석했다. 하지만 1924년 2월 무렵이 되면서부터 위원장이던 크르지자놉스키는 팔친스키가 공산당 정책을 사사건건 비판하는 것에 불만을 가지게 되었다. 팔친스키는 크르지자놉스키가 자신을 불편해한다는 것을 알게 되자 사직서를 제출했다.[63] 크르지자놉스키는 말썽꾼을 내보낼 수 있게 되어 안도하면서도, 팔친스키가 여전히 컨설턴트 자격으로 국가계획위원회의 일을 해주기를 바랐다. 팔친스키는 그 요청을 받아들였다.

1926년에 팔친스키는 소비에트 중앙아시아를 1만 2,000킬로미터에 걸쳐 횡단하는 여행을 떠났다. 65일 동안 계속된 이 여행에서 기차, 증기선, 말을 타거나 도보로 이동했다. 그가 소비에트 정부로부터 부여받은 과제는 석유와 가스 산업의 잠재성을 평가하는 것이었다. 그는 차르 정부 시절의 산업 행태를 비판했던 것과 마찬가지로 소비에트 정부의 정책을 비판했다. 특히 석유 산업 행정가들의 '분유정噴油井 심리gusher psychology'를 비난했다. 이는 모스크바의 고위 공직자들의 눈에 들기 위해 생산을 대규모로 할 수 있는 유정을 뚫기 원하면서도, 경제성이 높은 석탄과 가스 다량은 무시하는 행태를 이르는 말이었다.[64] 팔친스키는 혁명 전에 차르 정부가 건물의 토대와 제방을 놓는 데 사용할 석재를 가까이에서 구하는 것이 아니라 서유럽에서 수입하는 것에 회의적이던 것처럼, 지역 조건을 무시하고 중앙으로부터 일방적으로 내려오는 명령에 비판적 입장을 견지했다.[65] 그리고 경영진으로부터 노동자들을 보호했다. 1927년에 소비에트 석유 산업에 대해서는 "행정 규칙은 너무 많고 안전 규칙은 너무 적다"라고 썼다.[66] 팔친스키는 정유 공장의 경영진들이 도난과 폭동을 지나치게 걱정하는 반면, 화재나 폭발 사고로부터 노동자들을 보호하는 데는 무관심하다고 생각했다. 또한 도난과 폭동은 형사법으로 처리될 수 있는 문제라고 말했다. 팔친스키에 따르면, 공장 행정가와 건설 관리자의 특수 임무는 노동자의 생명을 보호하는 데 있었다.[67]

팔친스키는 독립적이고 완고한 사람이었다. 관련 자료 모두를 충분히 모으기 전까지는 어떤 문제에 대해 평가를 내리는 것을 거부했다. 1928년에 제1차 5개년 계획이 개시된 이후 생산성 증대가 강조되기 시작하자, 최고 국민경제 위원회Supreme Economic Council, VSNKh는 팔친스키에게 첼랴빈스크Cheliabinsk 지역에 새로 탄광을 개발할 만한 장소를 추천하라고 요청했다.[68] 팔친스키는 여느 때와 같이 꼼꼼하게 작업을 진행했다. 석탄 매장량, 운송 체계, 인구 밀도 등 방대한 자료도 요청했다. 4월에는 상부에서 설정한 일정에 맞추기 위해 서두르라는 독촉을 받았다. 이에 대해 그는 아직 자신이 요청한 자료를 모두 받아보지 못했는데, 이들 중 몇몇 데이터는 평가 작업을 하려면 꼭 있어야 하기 때문에 더 이상 서두르는 것은 무리라고 차분하게 대답할 뿐이었다.[69] 당연하게도 자신의 인건비 관련 청구서 제출을 늦춰서 제출하는 것에 동의했다.

└ 소비에트 산업의 독립 계획가

1920년대에 팔친스키는 소련을 산업화하기 위해 자신만의 계획을 차근차근 정립해나갔다. 1916년 설립된 지구 표면 및 심부 연구소를 확장하고, 학술지를 널리 알렸다. 게다가 비슷한 생각을 가진 엔지니어들을 규합하고, 소련 영토의 풍부한 지하자원에 바탕을 둔 소비에트 산업이 계획적으로 발전하기를 독려하는 신문 사설과 연구 논문을 꾸준히 발표했다.[70] 1922년 2월에는 모스크바에서 광업클럽Miners' Club을 결성했다. 광업클럽은 광업 관련 프로젝트들에 관한 독립적인 평가 보고서를 작성해 이를 배포하는 것이 목적이었다.

그는 또 해외의 논의에 뒤떨어지지 않기 위해 영어·불어·독일·이탈리아어 자료를 꾸준히 읽고 검토했다.[71] 하지만 단지 외국의 논의를 베끼기만 한 것이 아니라 러시아에 적용 가능한 개념들을 만들어냈다.

그는 혁명으로 말미암아 그동안 엔지니어들이 맞닥뜨렸던 장애물들이 여럿 사라졌다는 점을 강조했다. 새로운 소비에트 체제가 제정 시대에는 꿈꿀 수도 없었던 가능성을 제시하고 있다고 믿었다. 자본주의 고용주로부터 해방된 소련 엔지니어들은 세계 그 어느 나라보다도 국가 발전에 큰 영향력을 가질 수 있으리라고도 생각했다. 그러면서 소련 엔지니어들이 자본주의 체제에서 자본가나 기업가들의 역할을 맡게 되기를 희망했다.[72]

팔친스키는 중앙 계획의 개념에는 동감했지만, 중앙 계획은 기본적으로 일반론을 다룰 수밖에 없으며, 따라서 지역에 따른 변형을 허용해야 할 것이라고 생각했다. 계획은 개인이 자주성을 발휘할 수 있는 공간을 남겨두어야 할 것이었다. 개별 지역의 석탄 가격, 수자원, 훈련받은 노동자, 건설 자재 등 구체적 조건의 차이를 고려해 언뜻 보면 유사해보이는 문제라도 상이한 해결책이 필요했다.[73] 소련 철도에서 달리는 증기 기관의 연료로 나무를 이용할 것인지 석탄을 이용할 것인지는 모스크바에서 정할 문제가 아니라 해당 지역에서 가격에 따라 결정해야 한다는 것이었다.

1920년대 후반의 소비에트 경제 계획가들은 '기능적' 계획과 '지역' 계획의 지지자들로 양분되어 있었다. 기능적 계획가들은 모스크바 중앙에서 계획을 수립해야 하며, 지역 차이에 대한 고려 없이 '철강 산업'과 같은 큰 경제 섹터sector를 단위로 사고해야 할 것이라고 믿었다. 지역 계획가들은 계획은 '아래로부터' 수립되어야 하며, 광물 매장량·인구 집중 지역·운송 체계·문화 및 여가 시설 등 지역 특색에 관한 세심한 연구에 바탕을 두고 이루어져야 할 것이라고 생각했다.

팔친스키는 두 접근법의 장단점을 모두 취하려 했으나, 그의 보고서들을 보면 지역 계획 입장에 기울어져 있었음을 알 수 있다. 모스크바 공산당 지도부가 지역 조건을 무시하는 것과 균형을 맞추기 위해서라도 지역 차이에 대해 강조할 수밖에 없었을 것이다. 그는 계획가들이 지방으로 내려가 자연 자원과 인적 자원의 상황을 탐구한 후에 특정 지역의 특색을 고려해 다양한 방식으로 산업을 계획해야 한다고 믿었다.

그가 지역 연구와 기능적 연구를 같이 수행해야 한다고 요구한 것에 국가계획위원회 위원들은 '병행론parallelism'이라고 비판했다. 그는 이러한 평가에 국가계획위원회의 임무가 바로 다양한 접근 방식들을 통합하는 것이라고 주장했다.

지역 차이를 강조하는 팔친스키 입장은 현장 특색이 큰 영향을 미치는 광산학 교육을 받은 데에서 기인하는 바가 크다. 그는 지역적 조건에 눈감은 중앙 집중식 계획은 비효율적이고 불공평할 것이라고 믿었다. 그러한 방식은 산업 생산성을 저하시킬 뿐만 아니라, 지역 주민들의 사정과 요구를 무시할 수밖에 없었다.

팔친스키는 1922년에 쓴 글에서 볼셰비키가 거대 기업을 선호하는 경향성을 강력하게 비판했다. 공산당 지도부는 가장 큰 생산 설비가 항상 가장 좋다고 믿었던 것이다. 팔친스키는 소규모 산업, 공방, 수공업 노동자, 장인들을 과거의 유물로 간주하는 이데올로기에 통탄했다.

> "소규모 공방이나 수공예 전문점에서 증기 기관, 원양 선박, 철교, 거대한 수력 압착기 등을 만들 수 있을까? 물론 아니다. 하지만 좋은 품질의 단추, 양말, 사무 용품, 식기, 의류 등을 만들기 위해 거대한 공장이 필요한가? 물론 아니다."[74]

팔친스키는 거대 산업과 작은 공방이 상생할 수 있어야 한다고 역설했다. 게다가 소련이 중공업 발전을 넘어서는 목표를 가져야 한다고 경고했다. 소련이 추구하는 궁극적 목표는 인류의 모든 욕구를 충족시킬 수 있는 사회여야 할 터인데, 이는 규모, 스타일, 조직 다양성이 확보되지 않고서는 불가능한 꿈이라는 것이다.

혁명 전 서유럽에서 유배 생활을 할 당시 팔친스키는 중공업에서조차 소규모 기업이 효율적이라는 사실을 인상 깊게 받아들였다. 예를 들어, 영국 석탄 산업에 가장 큰 기여를 하는 것은 천 명 이상의 대규모 광산들이 아니라, 백 명에서 천 명 사이의 중간 규모 광산 집합체라는 점을 지적했다. 후자가 영국 석탄 생산량의 70퍼센트를 차지했고, 전자는 28퍼센트에 불과했다.[75]

혁명 이후 소비에트 산업 계획의 자문역으로서 팔친스키는 같은 논리를 폈다. 그는 중간 규모와 소규모 기업들이 종종 대규모 기업들에 비해 이점을 가진다는 점을 지적했다.[76] 작은 시설에서는 기계 설비를 교체하는 것이 훨씬 쉽다. 그뿐만 아니라 노동자를 관리·감독하는 일 역시 간단하고 밀접하게 할 수 있다는 장점이 있다. 중소 규모 공장의 노동자들은 대개 기업의 최종 목표를 쉽게 파악할 수 있다. 따라서 소규모 공장들은 종업원 모두가 유기적으로 연결되어 있다고 느낀다는 심리적 이점이 있다.

물론 어떤 공장들은 어쩔 수 없이 대규모로 지을 수밖에 없었다. 당시 러시아는 이러한 시설을 국내 자본으로 지을 여력이 없었기 때문에, 건설 자금이 해외로부터 흘러들어올 수밖에 없었다. 1922년에 팔친스키는 러시아로 들어오는 해외 투자를 관리하는 기관을 설치하고, 전러시아엔지니어협회가 비영리 자문을 맡을 것을 제안했다.[77] 비록 실현되지는 못했지만, 외국계 자본이 "엄격하게 통제되어야 한다"는 생각에는 변함이 없었다.[78] 그는 사회주의자로서 소련 경제에서 해외 자본이 지나친 영향력을 발휘하는 것을 우려했다. 그의 경고는 1920년대의 신경제 정책New Economic Policy(1921년부터 1928년까지 도입된 소련의 경제 정책으로 사회주의 체제라는 틀 안에서 일부 자본주의적 방식을 허용함)과 잘 맞아떨어졌지만, 그 이후 외국인 투자가 금지되면서부터는 비판의 빌미가 될 것이었다.

ㄴ 인간적 엔지니어링

팔친스키는 엔지니어링 의사 결정에서 가장 중요한 요소는 바로 인간이라고 주장했다.[79] 그가 반복해서 강조했듯이 고도로 훈련된 노동자와 더불어 노동자의 사회적·경제적 필요를 충족시켜 주지 않고서는 성공적인 산업화와 높은 생산성이 불가능했다. 교육에 투자하는 것은 같은 금액을 기술 설비에 투자하는 것에 비해 산업화를 진흥하는 효과가 컸다. 이는 교육받지 못하거나 불행한 노동자는 아무리 우수한 설비도 무용지물로 만들기 때문이었다.[80] 노동자의 사기와 능력을 무시한 채 단지 새로운 장비만을 구비하는 것은 낭비로 이어지게 마련이었다. 인간은 고용된 일꾼으로서만이 아니라 문화적·정신적 욕구를 갖춘 창의적 개인으로 보아야한다. 노동자의 욕구를 충족시키는 것은 윤리적 준칙일 뿐만 아니라 효율적 생산을 위한 필요조건이다.

팔친스키는 1926년에 러시아 산업이 전쟁과 혁명으로 말미암은 파괴를 극복하기는 했지만, 개별 기업의 효율성에는 큰 차이가 존재한다고 지적했다.[81] 이러한 차이는 설비나 기술력에서 기인하는 것이 아니었다. 가장 생산성이 높은 산업 중에는 생산 설비를 제대로 갖추지 못한 곳도 있었다.[82] 결정적 차이는 노동자에게 있었다. 그들이 얼마나 좋은 교육을 받았는지, 얼마나 좋은 대우를 받는지, 자신이 하는 일에 얼마나 관심을 갖고 있는지 등이 생산성의 격차로 나타났던 것이다.[83] 팔친스키는 러시아의 경영진에게 인간에 대한 관심이 "다른 어떤 것보다 큰 결과를 가져다줄 것"이라고 조언했다.[84] 러시아 산업을 재건하고 확장하는 일은 위로부터의 강제력이나 외국 기술 수입을 통해서가 아니라 '내부 혁신 inner renewal'을 바탕으로 이루어져야 했다.

팔친스키는 사회주의 러시아가 다른 어떤 나라보다 훨씬 인간적인 산업을 발전시킬 수 있는 여건을 가지고 있다고 믿었다. 미국의 노동자들을 존경했지만, 미국의 산업 경영인들은 좁은 의미에서의 이익에만 몰두하고 미국 사회는 전반적으로 지나치게 자기중심적이라고 생각했다. "미국은 미국인들을 위한 것이다"라는 먼로 독트린 대신에 팔친스키는 새로운 원칙을 제안했다.

"세계는 전 인류를 위한 것이다."[85]

역설적이게도 팔친스키와 지구 표면 및 심부 연구소 동료들은 볼셰비키 지도부보다 미국식 경영 기법에 비판적이었다. 1917년에 러시아 권력을 장악한 마르크스주의자들은 산업 경영의 최신 기법을 열심히 도입하고, 프레더릭 윈슬로 테일러Frederick Winslow Taylor와 헨리 포드Henry Ford 방식을 따랐다. 20세기 초에 테일러는 기계 공장의 생산을 혁명적으로 바꾸어 놓은 시간-동작 연구time-and-motion studies를 도입했다. 또한 노동자들이 기계와 도구를 사용하는 방식과 작업장 배치를 합리화했다. 포드는 자동차 제조에 일관 작업production flow과 조립 라인assembly line을 도입했다. 이러한 체계를 1913년 미시건주 하이랜드 파크Highland Park 공장에서 실행에 옮겼는데, 이는 볼셰비키가 권력을 잡기 불과 4년 전이었다. 미국 공장에 테일러와 포드 방식이 도입되자 노동자들에게 가해지는 압박은 거세졌고 그 대가로 생산성이 치솟았다.

'포드주의Fordizm'와 '테일러주의Taylorizm'는 소련 산업 계획가들 사이에서 표준 용어가 되었다.[86] 레닌은 1918년에 "우리는 테일러 체계와 미국의 과학적 체계를 도입해 러시아 전체의 노동 생산성을 높여야 한다"고 주장함으로써 새로운 산업 경영 기법을 승인했다.[87] 1920년대에 노동 연구소Institute of Labor 소장을 맡았던 알렉세이 가스테프Alexei Gastev는 소비에트 노동자들에게 "소비에트 러시아의 혁명 폭풍을 미국식 생활의 맥박과 결합하여 초시계 chronometer와 같이 일하자"라고 열변을 토했다.[88]

팔친스키와 동료 엔지니어들은 조립 라인과 초시계가 가져올 효율성 증진에는 이의가 없었다. 다만 테일러와 포드 방식이 노동자의 작업을 너무나 지루한 것으로 만들 것을 우려했다. 조립 라인에서 일하는 노동자를 개별 인격체로서가 아니라 단순히 기계 부속품처럼 다룰 것인가?[89] 합리화를 향한, 자본주의적이 아닌 사회주의적 접근은 볼트에 너트를 끼우는 가장 효율적 방법을 추구하는 시간-동작 연구만을 강조할 것이 아니라, 노동자 교육과 복지를 증진시키는 방안을 고민해야 할 것이었다. 노동 조건이 개선되면 노동자들은 제품을 조립하기 위한 가장 효율적인 방법을 찾기 위해 노력할 것이고, 목표를 달성하기 위해 자발적으로 경영진과 함께 고민할 것이었다.[90]

팔친스키는 테일러주의를 검토하면 할수록 더 비판적인 입장으로 선회했다. 그리고 미국식 경영 기법 대신에 '인간적인 엔지니어링'을 제안했다.[91] 인간적 엔지니어링의 핵심은 비숙련 노동자를 상정한 테일러주의의 초보적 방식이 불필요할 정도로 노동자의 지식 수준을 높이는 데 있었다. 그는 지식으로 무장한 노동자야말로 노동의 노예가 아니라 진정한 주인이 될 수 있을 것이라고 믿었다.

교육을 잘 받은 노동자 집단이라는 목표를 달성하기 위해 팔친스키는 러시아기술학회와 같은 엔지니어링 학회의 감독 아래 노동자 학교 체계를 확대하는 계획을 정부가 지원해야 한다고 제안했다. 그러나 소비에트 정부는 보통교육 체계 이외의 특수학교를 설립할 필요성을 인식하지 못했다. 나아가 팔친스키와 같이 공산당과 연계가 없는 엔지니어들이 다수 참여하는 엔지니어링학회에 의혹이 담긴 눈길을 보냈다. 하지만 팔친스키는 자신의 계획을 실현시키기 위해 최선의 노력을 기울였다. 1925년에는 심지어 공산당 지도자 트로츠키에게 청원서를 보내기까지 했다. 그는 트로츠키의 정치 영향력이 이미 기울고 있다는 사실을 모르고 있었다.[92]

∟ 미래를 위한 야망

팔친스키는 기술적 문제를 대단히 폭넓은 방식으로 접근하는 사람이었다. 문제를 해결하는 데 있어 엔지니어로서 효율성이라는 요인과 혁명 전 동감했던 사회주의자 – 혁명가당의 사회 정의라는 요인을 동시에 고려했다. 심지어 건설 자재와 연료로 나무를 과도하게 사용하는 것이 러시아 삼림에 끼치는 영향까지도 걱정했다. 그는 사회주의 정부라면 자본주의 정부보다 환경 문제와 관련해서 보다 나은 해결책을 찾아낼 수 있으리라고 생각했다.[93]

다른 한편, 경영자의 입장에서 과도하다고 생각되는 환경 규제에 반대하는 목소리를 고집스럽게 내기도 했다. 예를 들어, 광산 과 유정 주변의 환경 파괴를 막기 위한 프로젝트 초안에 강력하게 반대했는데, 그것이 관리자의 일을 지나치게 어렵게 만들 것이라 고 생각했기 때문이었다.[94]

팔친스키는 엔지니어들이 보다 야심 찬 역할을 수행해야 한다 고 믿었다. 그는 엔지니어들이 산업화의 여러 문제에 새로운 형 태의 사회 분석 방법을 적용하기를 바랐는데, 이를 위해서는 사 회 속에서 엔지니어의 위상이 바뀌어야 할 것이라고 믿었다. 그동 안 엔지니어는 사회로부터 수동적 역할만을 부여받았다. 고관대 작들이 그에게 기술 문제를 해결할 방책을 찾으라고 요청했다. 이 제 엔지니어는 경제 발전이 어디에서 일어나야 하며 어떤 형태를 띠어야 할지를 제안하는 등 경제 및 산업 계획가로 적극 거듭나야 한다는 것이었다.[95]

예를 들어, 한 엔지니어에게 주요 하천에 거대한 수력 발전소를 건설하기 위한 계획을 수립하라고 한다면, 그 사람은 수력 발전소 가 전기를 생산하는 가장 최적의 방식인지를 물어야 할 것이다. 전기를 생산하기 위한 여러 방식들의 장단점은 무엇인가? 그 지 역에서 석탄을 쉽게 구할 수 있다면 화력 발전소를 짓는 편이 보 다 현명한 선택일지도 모른다. 올바른 해결책은 지역 요인들을 분 석하고 경제·사회·환경 효과들을 평가한 후에 제시할 수 있을 것 이다.

새로운 소비에트 엔지니어를 향한 팔친스키의 비전은 엔지니어링에 관련한 이러한 폭넓은 접근만이 보다 효율적인 산업체와 만족을 느끼는 노동자들로 이어질 것이라는 강력한 믿음에 바탕을 두었다. 새로운 모범 엔지니어는 전문가로서 팔친스키가 가졌던 자부심에도 부합했다. 기술사학자 에드윈 레이턴Edwin Layton은 같은 시기 미국 엔지니어들에 대해 논의하면서 그들이 '사회적 지위를 향한 집착'을 보였다고 지적했다.[96] 팔친스키와 동료들은 엔지니어에게 새로운 사회적 지위를 부여하기 위해 노력했고, 중앙 집중식 계획에 따른 산업화를 추진하던 소비에트 국가는 이를 위한 좋은 기회를 제공한다고 믿었다.

팔친스키는 엔지니어링과 관련해서는 깊이 고민했지만, 소련의 정치적 향배에 대해서는 대단히 잘못된 예측을 하고 있었다. 그의 꿈은 전문 분야 각각에 자율성을 높은 수준으로 부여하고 정부가 외부 조언에 귀를 기울일 의사가 있는 사회에서만 이루어질 수 있는 것이었다. 그가 곧 알게 되겠지만, 스탈린은 사회와 산업화에 대해 매우 다른 비전을 갖고 있었다.

∟ 스탈린주의와 팔친스키의 조우

사태의 전개를 이미 알고 있는 역사학도라면 누구나 팔친스키의 산업화 프로그램과 소련 공산당의 계획이 충돌하리라는 것을 어렵지 않게 예측할 수 있을 것이다. 팔친스키와 공산당의 비전 사이에 생긴 갈등은 스탈린이 1920년대 후반에 절대 권력을 갖게 되면서 극단으로 치달았다. 주요 쟁점은 정치적 권위 문제였다. 공산주의자들은 팔친스키가 상정한 엔지니어들과 같이 폭넓은 역할을 수행할 만한 자율성을 전문가 집단에 부여할 생각이 전혀 없었다.

　스탈린이 소련의 정치 및 경제 체제에 대한 통제권을 장악하자 팔친스키의 제안은 더욱 많은 문제에 맞닥뜨렸다. 팔친스키는 좋은 엔지니어가 기적을 행할 수는 없으며, 가능한 범위 내에서 결과를 최대한으로 추구할 수밖에 없다고 즐겨 말했다.[97] 반면 스탈린은 초인적 노력을 요구하는 비현실적 목표를 설정하는 방식으로 경제 발전을 추진했다. 그는 팔친스키가 중요하게 생각하던 지역 조건을 무시한 채 거대한 수력 발전소를 건설해 혁명의 상징으로 삼으려 했다. 또한 산업 시설을 가능한 한 세계 최대 규모로 짓기를 원했다. 서구의 논자들은 이러한 산업 정책을 '거대 열광증 gigantomania'이라고 부르기도 했다. 팔친스키는 규모 자체는 미덕이 될 수 없다고 주장했다.[98]

　스탈린은 교육 수준이 낮은 농촌 지역 주민들을 새로운 산업 지대로 강제로 이주시켜 노동자로 활용할 계획을 세웠다. 그 결과 산업 재해 발생률이 높아졌을 뿐만 아니라 생산된 제품 역시 조잡

했다. 이는 당시 여러 회고록에 생생하게 기록되어 있다.[99] 이주 노동자들이 겨울을 편안하게 날 만한 주택은 턱없이 부족한 형편이었다. 스탈린은 치솟는 노동자 사망률을 용인할 만한 비용으로 치부했지만, 팔친스키에게 그것은 비합리적이고 비효율적일 뿐만 아니라 정의롭지도 못한 것이었다.

팔친스키는 "우리는 무엇이든 할 수 있는 마술사가 아니다"라며 중용을 강조했다. 반면 스탈린은 "볼셰비키가 함락시킬 수 없는 요새란 없다"라고 주장했다.[100] 팔친스키는 인간 요인human factor이 산업화에서 가장 중요하다고 생각한 반면, 스탈린은 "기술이 모든 것을 결정한다"는 점을 강조했다.[101] 엔지니어링 전문가가 기술보다 인간의 욕구를 우위에 두고, 공산당 지도자가 기술을 가장 강조했다는 사실은 대단히 역설적 상황이라 하지 않을 수 없었다.

두 사람 사이에서 갈등이 불거지게 된 가장 큰 이유는 스탈린이 혁명 전에 교육받은 전문가들을 불신했기 때문이었다. 스탈린은 혁명 직후 대학 교원과 엔지니어들의 파업을 조사하는 위원회 일원으로 활동했는데, 이 활동으로 기술 지식 계급technical intelligentsia이 잠재적인 반혁명 분자라는 확신을 갖게 되었다.[102] 스탈린은 팔친스키가 소련의 산업화 전략에 다른 생각을 가지고 있을 뿐만 아니라 위험한 야심을 품고 있다고 보았다. 팔친스키는 엔지니어들에게 정치 영역에서 보다 활발한 역할을 맡아야 한다고 주장했다.

이에 관련한 스탈린의 생각은 1934년 H. G. 웰스Wells와의 인터뷰에서 잘 드러난다.

"생산 조직가인 엔지니어는 자신이 원하는 대로 일하는 것이 아니라 명령받은 대로 따라야 한다……. 기술 지식 계급이 독립적 역할을 할 수 있다고 생각해서는 안 될 것이다."[103]

팔친스키가 엔지니어로서 자부심을 갖고 있고 과학과 기술에 얼마나 큰 기대를 품고 있었는지는 1926년 12월 5일에 쓴 편지 초안에 잘 나타난다. 이 편지의 수신인은 알렉세이 이바노비치 리코프Aleksei Ivanovich Rykov였는데, 리코프는 당시 다른 나라의 총리prime minister에 해당하는 소련 인민위원회 의장이었다. 이 편지에서 팔친스키는 사회를 형성하는 데 공산주의보다 과학과 기술이 더 중요한 요소라고 주장했다. 또 20세기는 국제 공산주의의 세기가 아니라 국제 기술의 세기라고 적었다. 코민테른이 중요한 것이 아니라 '테힌테른Tekhintern'을 구축해야 한다는 것이었다. 친구들은 현명하게도 이 편지를 부치지 않도록 그를 설득했다.[104]

팔친스키는 산업화와 엔지니어의 역할과 관련한 새로운 비전을 끊임없이 주창했다. 이러한 목소리를 내는 것은 그뿐이 아니었다.[105] 20세기 러시아에서 테크노크라시 사상의 중심은 I. A. 칼린니코프Kalinnikov가 편집인으로 있던 《엔지니어 통보Engineers' Herald, Vestnik inzhenerov》라는 잡지였다. 칼린니코프는 모스크바 고등기술학교 교장을 비롯해 공학 교육 분야에서 중요한 직위를 두루 맡았던 인물이었다.[106] 나중에 칼린니코프는 팔친스키와 함께 산업당Industrial Party 지도부라는 혐의를 받기도 했다. 1927년에 칼린니코프는 기술 일반론 연구회Circle on General Questions of Technology를 조직해 '현대 기술 문화에 적합한 완전히 새로운 세계관'을 만들기 위한 활동을 전개했다. 연구회 대변인 중 한 명이던 엔지니어 P. K. 엔겔메이예르Engelmeier는 '노동조합 체계뿐만 아니라 이데올로기에 바탕을 둔' 엔지니어 연대의 필요성을 피력했다.[107] 공산당 이론가들은 엔겔메이예르가 새로운 이데올로기를 주창하면서 마르크스주의를 언급하지 않았다며 즉각 비판을 퍼부었다.

소련 테크노크라시 운동의 또 다른 중심은 소비에트 경제 계획 기구의 기술 자문관들이었다. 최고 국민경제 위원회 산하에는 산업 연구 및 개발 정책을 개발하기 위한 과학기술청Scientific-Technical Administration이 설치되어 있었다.[108] 팔친스키도 이 기관에 참여했다. 과학기술청 관계자 대부분은 나중에 법정에 서게 될 예정이었다. 이 엔지니어들은 소련 경제 개발에 과학적 방법론을 적용하는 것을 넘어, 산업 심리학이나 경영 분야에까지 과학적이고 합리적인 접근을 해야 한다고 주장했다. 이 기관에서 작성한 문건에는 "미래는 경영자 – 엔지니어 또는 엔지니어 – 경영자에게 있다"라는 문구가 포함되어 있었다.[109] 공산당 지지자들은 나중에 이 문구를 엔지니어들이 노동 계급보다 우월하다고 생각한다는 증거로 활용했다.

절대권력을 구축하려는 스탈린으로서는 자신의 주요 정적이던 부하린이 테크노크라시 분파와 연계되어 있었다는 사실은 어쩌면 행운이었을지 모른다.[110] 이러한 연계는 스탈린이 주장했던 것처럼 반소비에트 음모가 아니라 단순히 관점의 친화성이었다. 부하린과 뜻이 맞던 리코프는 엔지니어들이 제시하는 산업 계획 접근법을 칭찬하며 옹호했다. 부하린 자신도 "미래는 경영자 엔지니어 또는 엔지니어 경영자에게 있다"라는 표현을 사용하기도 했다.[111] 더구나, 부하린은 짧게나마 과학기술청장을 맡은 적이 있었다. 스탈린은 일석이조의 기회를 잡았다. 한편으로는 자신의 주요 정적을 제거하고, 다른 한편으로는 오만한 엔지니어들을 숙청할 수 있었던 것이다.

　　스탈린은 주어진 기회를 충분히 활용했다. 팔친스키가 체포되기 얼마 전, 1928년 4월에 엔지니어 한 무리가 북 캅카스Northern Caucasus의 샤흐티Shakhty 주변 탄광에서 사보타주 혐의로 기소되었다.[112] 샤흐티 엔지니어들은 5월에 재판을 받았다. 다섯 명은 사형, 여섯 명은 무기 징역, 38명은 1년에서 10년 사이의 징역형을 받았고, 오직 네 명만이 무죄 판결을 받았다. 팔친스키가 체포된 지 2년 후, 1930년 11월 25일과 12월 7일 사이에 엔지니어 여덟 명이 1920년대에 소비에트 정부를 전복하기 위해 음모를 꾸몄다는 혐의를 받은 산업당 사건이 발생했다.[113] 팔친스키는 이미 비밀리에 처형되었지만, 이 음모의 수괴로 지목되었다.

위와 같은 사건들은 소비에트 치하 엔지니어들에 대한 공포 정치의 서막에 불과했다. 당시 소련 전체에는 엔지니어가 만 명 가량 있었는데, 이들 중 수천 명이 체포되었다. 마침내 팔친스키의 동료 약 3할 정도가 체포되어 강제 노동 수용소로 보내졌다. 개중에 운이 좋은 사람들은 특별 연구 개발 감옥에 수용되어 정부에서 주는 과제를 수행했다. 솔제니친의 소설《더 퍼스트 서클The First Circle》은 산업당 사건 직후 만들어진 감옥 실험실의 모습을 묘사하고 있다.[114]

니나는 남편이 세상을 떠난 후 자신도 위험에 처해 있다는 사실을 알아챘다. '인민의 적'으로 지목된 사람의 가족들이 투옥되는 경우도 적지 않았기 때문이었다. 설상가상으로 모스크바와 레닌그라드에 살던 오랜 친구들조차 의심받을까 두려워 그녀와 가까이하려 하지 않았다. 1929년 8월 16일에 그녀는 남편 크로폿킨이 죽어 홀로 남은 부인에게 보낸 편지에서 "나에게는 남겨진 돈도 없고, 아무도 나에게 도움을 주려 하지 않아요……. 이제 누가 진정한 친구인지 알게 되었답니다. 극소수만이 남았지만요"라고 적었다.[115] 그녀는 지방으로 내려가 하급 간호사로 일하면서 숨어 지냈다. 하지만 고등교육을 받고 혁명 전후에 여성 인권 운동에 참여했을 정도로 개명開明했기 때문에 새로운 삶에 적응하기란 쉽지 않았다. 어느 날 저녁에는 동네 영화관에서 러시아 혁명과 관련한 영화를 관람하게 되었다. 그 영화에서는 놀랍게도 남편 팔친스키가 혁명의 적으로 묘사되고 있었다. 그녀의 정체를 알아챈 누군가가 "우리 중에 팔친스키가 있다!"라고 외치며 그녀에게 손가락질했다.[116] 그녀는 바로 체포되어 수용소로 보내졌다.

└ 사후에 발간된 비밀경찰 보고서

소비에트 비밀경찰은 팔친스키의 활동과 의견 중에 무엇을 가장 불쾌해했을까? 그에게 씌워진 혐의는 구체적으로 무엇이었을까? 이 질문들에 대한 대답은 INION 도서관에 소장된 산업당 관련 비밀경찰 보고서에서 찾을 수 있다.[117]

이 보고서에서 팔친스키는 소련에서 자본주의를 복원하려는 '엔지니어 – 파괴자engineer-wreckers'의 주모자로 묘사된다. 반소비에트 음모의 중심에는 지구 표면 및 심부 연구소와 광업클럽이 있었다. 그에 대한 주요 혐의점은 광업 및 석유 산업과 관련한 '구체적인 통계'를 출판하려고 고집하며 반소비에트 진영을 이롭게 하려 했다는 것이었다. 그러므로 소비에트 당국은 20세기 초에 그가 돈바스의 '노동 문제'를 조사한 활동에 차르 정부가 보이던 태도와 똑같은 모습을 보였다고 할 수 있다. 차르 정부는 그에게 시베리아 유배형을 내렸다. 소비에트 정부는 그를 체포한 후 처형했다.

비밀경찰이 '엔지니어 – 파괴자'들을 심문했던 과정은 도덕적 교화가 목적인 중세시대 연대기와 유사했다. 그것은 믿을 만한 사실을 제시하는 대신, 비밀경찰이 만들어내고 싶은 신화를 보여준다. 엔지니어들은 셸 오일Shell Oil과 노벨사Nobel Company와 같은 서구 기업에게 매수되어 명령에 따라 소련 산업을 파괴하는 반역자로 그려진다. 엔지니어들은 탐욕으로 가득 차 있으며 돈만 주면 무엇이든 할 사람들이었다. 자신의 목적을 이루기 위해 불법 수단도 서슴지 않았다. 트로츠키나 부하린을 둘러싼 공산당 내부 논쟁을 활용해 소비에트 체제가 몰락 직전에 있다고 선전하기도 했다. 경제 발전을 위한 엔지니어들의 계획은 성장을 늦추거나 작은 목표를 설정함으로써 소련 산업을 약화시키는 것이 목적이었다.

산업당 사건에 연루되어 소비에트 당국에 체포된 엔지니어들이 모두 죄가 없다고 확신할 수는 없다. 하지만 증거를 모두 종합해보면 무죄 쪽으로 추가 기우는 것은 분명한 사실이다. 주모자로 지목된 팔친스키의 개인 문서, 연설문 초안, 친척들에게 보낸 편지, 여러 회의 결과를 정리한 회의록 등은 이제 모두 공개되어 있다. 팔친스키는 개인 기록물을 강박적으로 수집했기 때문에, 심지어는 기차표, 영수증, 학술 회의장에서 남긴 메모, 논문이나 책을 읽고 생각을 정리한 노트까지 남아 있다. 이러한 방대한 자료를 아무리 뒤져봐도 그가 소련 산업화를 방해하기 위해 노력했다는 흔적은 찾아볼 수 없다. 그와는 반대로, 그가 어떻게든 산업화를 진흥하기 위해 노력했다는 증거는 충분하다.

1920년대 중반 무렵이면 팔친스키는 사회주의 경제 체제하에서의 산업화를 열렬하게 지지하기 시작했다. 1926년에는 "자본주의와 사회주의하 석유 및 석탄 지대를 개발하는 것을 비교할 필요조차 있을까? (중략) 지구 표면 및 심부를 국유화하는 것만이 경제의 합리적 계획을 위한 이상적 선택으로 이어질 것이다"라고 주장했다.[118]

　　공장과 광산을 소유한 자본가가 아니라 엔지니어가 경제 개발을 위해 계획을 세우는 데 중추 역할을 맡아야 한다는 팔친스키의 믿음은 바로 사회주의하에서의 새로운 가능성에 대한 열정에서 나왔다. 팔친스키가 지구 표면 및 심부 연구소의 임무로 설정했던 것은 "러시아의 자연 자원을 탐구하고 그 자원을 가장 합리적으로 이용할 방법을 산출함으로써 경제 개발을 돕는다"는 것이었다.[119] 이와 유사하게, 그가 설립한 광업클럽의 기능 역시 광업 프로젝트들이 '최대한 객관성을 가질 수 있도록' 평가하는 것이었다.[120] 돌이켜보면, 그는 소비에트 정부가 그러한 조언을 환영할 것이라는 다소 순진한 생각을 가지고 있었을지도 모른다. 그는 돈바스 광산을 평가한 결과를 차르 정부에 보내면서도 똑같이 오판했다. 하지만 그의 의도는 산업을 확대하고 인민의 복지를 증진시킴으로써 조국 발전을 도모하는 데 있었다.

3장

소련의 초기 산업화

팔친스키의 삶과 죽음은 소련의 산업화 정책이 왜 실패했는지를 생생하게 보여준다. 팔친스키는 소련 초창기에 숙청되었지만 훗날 절실히 필요하게 된 엔지니어 집단의 대표 인물이었다. 1920년대에 그와 뜻을 같이하는 동료들의 운명은 오랜 기간 동안 소련 산업에 부정적인 영향을 미쳤다. 이는 농업 분야에서 쿨라크 kulaks(제정 러시아 후기에 등장한 부농 집단을 말하며, 1929년 이후 숙청되어 땅을 빼앗기고 사형당하거나 노동 교화소로 보내짐)라는 진취적인 농부들을 숙청했던 것과 결과가 비슷했다. 소련 경제에서 가장 뛰어난 인재를 제거한 자리에는 선배들의 운명을 가능한 한 회피하려는 성향이 있는 인물들로 채워질 수밖에 없었다. 고르바초프와 옐친이 농업과 산업을 되살리기 위해 노력을 기울이던 1980년대 말과 1990년대 초가 되면 그 효과가 보다 극명하게 나타날 것이었다.

제1차 5개년계획이 시작되던 1927년 무렵에 이미 팔친스키와 동료들이 내세웠던 엔지니어링 원칙은 완벽하게 무시되고 있었다. 그들은 사회주의 사회에서 산업은 노동자와 지역 주민에 가장 높은 우선순위를 두어야 한다고 주장했다. 건강하고 교육 수준이 높으며, 의욕있는 노동자 집단 없이는 산업 발전을 절대로 이룰 수 없다고 생각했기 때문이었다. 또한 산업 확장은 합리적 원칙과 장기적 계획에 따라 이루어져야 한다는 점을 강조했다. 소련 국내외에서 성공 사례로 알려져 있던 5개년계획은 이러한 원칙들을 무시했을 뿐만 아니라 사회주의 건설에 참여한 노동자들의 열정을 배신했다.

소련의 산업화가 본격화된 1920년대 말과 1930년대 초는 자본주의가 사상 최대 위기를 맞았을 무렵이었다. 미국을 비롯한 여러 산업화 국가들이 대공황에 맞서 허우적거리고 있을 때, 사회주의 러시아는 빠른 속도로 발전했다. 서구 언론사의 모스크바 특파원들은 영웅적 성과를 이룬 소련 광부, 철강 노동자, 선반 기술자, 대형 선박용 운하와 수력 발전소 건설 노동자의 이야기를 본국으로 송고했다. 디트로이트, 맨체스터, 피츠버그 등지에서 실업자들이 무료 급식소 앞에 길게 늘어섰던 것과 비교해보았을 때, 소련의 산업화는 사회주의 미래의 찬란한 비전을 보여준다고 여겨졌을 것이다. 오늘날까지도 당시의 기억은 구소련 밖에서 강렬하게 남아 있다. 그리고 오늘날까지도 당시 프로젝트들의 근간을 이루던 기술적·사회적 전제들을 세심하게 분석하는 일은 이루어지고 있지 않다. 이 짧은 책에서 이 모든 것을 엄밀하게 재평가할 수는 없겠지만, 지금까지 알려진 것들만 보아도 소련의 산업화 프로젝트들은 엔지니어링 관점에서 심각한 결함을 안고 있었다. 또한 그것을 지지한 소련 노동자들의 믿음을 노골적으로 낭비했으며, 자발로 혹은 강제로 이 프로젝트들에 참여한 사람들의 생명을 끔찍하게 희생시켰다.

엔지니어링 관점에서의 결함은 당시에도 알려져 있었다. 팔친스키를 비롯해 혁명 전에 훈련받은 엔지니어들은 이 프로젝트들이 시작되기 이전부터 수많은 문제점을 지적했지만, 이는 그들이 훼방꾼 또는 '파괴자"라는 비판을 받는 빌미를 제공했을 뿐이었다. 구체제 엔지니어들은 대부분 사회주의 계획 경제의 잠재성에 열광했고, 오직 스탈린 정권 지도부가 내린 비합리적 선택에만 반대 목소리를 냈을 뿐이었다.

5개년계획 초기 기념비적인 프로젝트 중 대표로 세 가지를 들 수 있다. 드네프르강에 건설된 세계 최대 수력 발전소, 서시베리아 마그니토고르스크Magnitogorsk에 세워진 세계 최대 제철소, 그리고 기록에 남을 만한 정도로 짧은 기간 동안에 만들어진 발트해와 백해를 잇는 백해 운하White Sea Canal가 그것들이었다. 구체제 엔지니어들은 프로젝트 세 가지에 모두 참여했다. 팔친스키는 드네프르 강과 마그니토고르스크 프로젝트 두 곳에 직접 참여했고, 백해 운하 프로젝트 계획에 조언했다. 그가 처형당한 후 투옥된 동료 엔지니어들은 백해 운하 프로젝트의 주요 자문역을 맡았다. 각 프로젝트에서 기술 전문가들이 어떤 역할을 했는지 또는 하지 못했는지를 간략하게 살펴보는 것은 시사점을 많이 줄 것이다.

ㄴ 대 드네프르 댐

드네프르 강변에 위치한 자포로지예Zaporozhye 부근 수력 발전소의 건설은 제1차 5개년계획에서 가장 널리 알려진 건설 프로젝트였다. 그것은 초기 소련 산업화 과정의 대규모 건설 프로젝트였던 마그니토고르스크 철강 도시, 쿠즈네츠크Kuznetsk 탄광 도시, 백해 운하 건설에 앞선 선구적 작업이었다.

이러한 거대 프로젝트들과 비교해보면 드네프르 수력 발전소는 아마도 엔지니어링 관점에서 가장 합리적인 축에 들었다. 이 수력 발전소는 다른 사례들에 비해 세심한 분석을 바탕으로 이루어졌고, 죄수 노동에 의존하는 비중도 낮았다. 또 노동을 절약하는 기계 장치를 여럿 이용했고, 소비에트 행정가들은 국내외 전문가의 조언에 귀를 기울이는 편이었다. 독불장군으로 알려진 미국인 엔지니어 휴 쿠퍼Hugh Cooper 대령을 비롯해 독일인 엔지니어 몇 명이 이 프로젝트에 컨설턴트로 참여했다.[121] 외국 회사들도 다수 관여했다. 쿠퍼와 다른 전문가들은 외국에서 거대 크레인과 여타 현대식 장비들을 도입해야 한다고 고집했다. 또한 드네프르 댐The Great Dnieper Dam, Dneprostroi은 새로운 사회주의 사회 건설을 열망하던 소련 노동자 수천 명의 노력에 힘입은 바가 컸다. 최초의 거대 프로젝트이던 드네프르 댐 프로젝트는 이후의 프로젝트에 비해 반대 의견을 용인하는 분위기였다. 드네프르 프로젝트 계획을 수립하던 1920년대 초중반 무렵만 해도 아직 엔지니어는 '파괴자'로 낙인찍힐 걱정 없이 기술 문제들을 제기할 수 있었고, 외국인 엔지니어는 외국 자본을 위해 복무한다는 혐의를 받지 않고 건설 계획을 변경할 것을 제안할 수 있었다.

하지만 드네프르 댐 프로젝트를 세밀하게 검토해보면 이후의 다른 대규모 프로젝트에서 명확하게 드러나게 될 결함들이 눈에 들어온다. 댐을 건설하겠다는 결정은 경제적으로 무모했을 뿐만 아니라, 사회적·윤리적으로 여러 문제를 내포하고 있었다. 드네프르 댐은 노동자들과 지역 주민들을 혹사시키는 방식의 시발점이 되었고, 이는 이후 프로젝트들에서 보다 노골화되어 소련 노동자들이 사회주의에 환멸을 느끼게 했다. 이는 노동자들과 농민들이 소비에트 정부를 지지하는 일을 점차 철회하게 되는 수많은 경험들의 서막에 불과했다.

드네프르 댐의 사회적, 경제적 비용이 보다 세심하게 고려되었더라면, 그리고 거대한 수력 발전소 하나와 소규모 수력 발전소 여러 개를 건설하는 것 사이의 장단점을 검토했더라면, 어쩌면 다른 결정을 내렸을지도 모른다. 이미 러시아 엔지니어들은 현재 시각에서 장점이 많아 보이는 이러한 대안 경로들을 계획 초기 단계에서 대략 검토했다. 하지만 거대한 댐을 추진한다는 최종 결정은 기술적·사회적 분석에 근거해서가 아니라, 이데올로기적이고 정치적인 압력에 따라 이루어졌다. 스탈린과 공산당 최고 지도부는 세계 최대 발전소를 건설해 앞으로 도래할 공산주의 사회 질서를 세계 만방에 선포하고 싶었던 것이다. 이 프로젝트를 분석한 역사학자 앤 래스웨일러Anne Rassweiler가 지적했듯이 "프로젝트의 경제적 합리성이 검증된 적은 없다. (중략) 드네프르 댐을 건설한다는 결정은 다른 이유로 내려졌음이 틀림없다."[122]

　팔친스키를 비롯한 많은 엔지니어들은 거대한 댐을 짓겠다는 성급한 결정을 내린 것에 대해 경고했다. 가장 노골적으로 반대한 사람은 아마 전력 기술 전문가 R. E. 클라손Klasson이었을 것이다. 그는 댐 건설 부지 근처에 석탄이 풍부하게 매장되었다는 점을 지적하면서 수력 또는 화력 발전소를 선택하는 결정은 사회적·경제적 비용을 계산한 후에 이루어져야 할 것이라고 주장했다. 드네프르 강의 수위가 12월부터 이듬해 2월까지는 발전하기에 부적절하기 때문에 어찌 되었든 화력 발전소가 필요할 것이라는 점을 지적했다. 더구나, 강물의 유속이 느리기 때문에 터빈의 크기가 커야 하며, 따라서 매우 비쌀 수밖에 없었다.[123] 또한 드물게 가뭄이라도 들면 여름에도 화력 발전소에 의존할 수밖에 없었다. 클라손의 권고는 우선 화력 발전소를 한두 개 짓고, 지역의 전력 수요에 맞추어 단계적으로 수력과 화력 발전소를 늘려 나가자는 것이었다.[124]

팔친스키 역시 정부가 에너지 생산지와 소비지 사이의 거리를 고려하지 않고 드네프르 댐과 같은 대규모 수력 발전소 건설 계획을 세워서는 안 된다고 충고했다. 이 계획이 그대로 추진된다면 과도한 송전 비용이 들 뿐만 아니라 효율성도 떨어질 것이었다. 또한 지질도, 수문 지도, 지형도 등이 완벽하게 준비되기 전에 이미 드네프르 댐 건설이 시작되는 것을 보고 경악을 금치 못했다. 심지어 이 지역 지표 및 지하수 수리 현상에 대한 연구도 전혀 되어 있는 것이 없었다. 결과적으로 35미터 높이 댐이 얼마나 넓은 면적을 물에 잠기게 할지는 아무도 모르는 일이었다.

저수지가 되어버릴 지역에 거주하는 십만 명이 넘는 주민들은 강제로 이주할 수밖에 없었다. 대부분 풍족하고 성실한 농부로 독일계 메노파 교도들Mennonites이었다. 그들이 농지를 잃게 되는 것은 드네프르 댐 비용 산정에 포함되지 않았다. 여러 해 후 저명한 러시아 수문학자가 이 지역 농지에서 매년 수확되던 건초만 연료로 태워도 수력 발전소에서 생산되는 에너지만큼 만들어낼 수 있었을 것이라고 계산했다.[125] 사후 과장이 포함되었겠지만, 그만큼 토지를 상실하면 거대한 경제 손실이 야기되었다.

농지 생산력을 잃게 되는 경제적 비용보다 중요한 것은 농부들의 삶에 입힌 타격이었다. 소련 계획가들은 이를 전혀 고려하지 않았다. 토지와 가축으로 부를 평균 이상으로 보유하던 메노파 교도들은 대단히 신앙심이 깊었기 때문에 소련 사회 질서를 어지럽힌다고 여겨졌다. 토지가 물밑으로 가라앉기 이전부터 마을 건물들을 노동자 숙소로 징발했고, 주민들은 댐 건설 공사장에서 일할 기회가 주어졌다. 이러한 신분 변화를 받아들인 자들은 당시 현장으로 달려온 거의 4만여 명이나 되는 노동자처럼 자원봉사자 자격으로 일할 수 있었다. 이에 저항한 사람들은 체포되어 강제 노동 부대로 편성되었는데, 그 규모는 이후 대규모 건설 현장에 비해 작은 편이었다. 이 죄수 노동자들은 무장 경비의 감시하에 일하며 대개 가장 어려운 작업을 배당받았다.

드네프르 댐은 다른 나라에서 볼 수 있는 대개의 수력 발전소와는 달리 범람원floodplain 위에 지어졌기 때문에 수많은 사람들과 거대한 면적의 토지가 영향을 받을 수밖에 없었다. 이후 소련의 수력 발전소 프로젝트들 역시 똑같은 방식을 이용해 거대한 규모로 진행되었다. 리빈스크 수력 발전소 건설 공사 때문에 마을 497개와 도시 일곱 개가 소개疏開해야만 했다. 한 작가는 이러한 발전소들을 짓기 위해 벨기에 면적의 네 배에 달하는 약 12만 평방 킬로미터의 토지가 수면 밑으로 가라앉았다고 추정했다.[126]

원래 드네프르 댐 공사의 관리자들은 노동자들을 위해 적절한 주택과 문화 시설을 제공하겠다고 약속했다. 하지만 프로젝트가 진행되면서 일정이 늦어지고 예상했던 예산을 초과하자, 노동자들의 요구는 점차 우선순위에서 밀려났다. 프로젝트가 한창 진행될 무렵에 노동자들은 끔찍한 조건하에서 생활하며 일하고 있었다.

> "숙소 거주자들은 방에 눈이 몰아치는 것에 불평했다. 텐트 거주자들은 겨울에 영하 13도까지 떨어지는 추위를 견뎠고, 1929년 여름에는 태풍 때문에 텐트가 날아가버리기도 했다. 어딜 가나 사람이 많았고, 어두웠으며, 시끄러웠다. 화장실 시설은 모자른 데다 겨울철에는 얼어버려서 제대로 사용할 수 없었다."[127]

그 이후 몇 달이 지나자 상황은 더욱 악화되었고 식량도 점차 부족해졌다. 빵집에 밀가루를 배달하는 것조차 도난을 방지하기 위해 무장 경비를 배치해야 할 정도였다. 영양 결핍은 질병 창궐로 이어졌다. 결핵, 발진티푸스, 장티푸스, 천연두 등이 노동자 숙소에 퍼졌다. 오늘날까지도 얼마나 많은 사람들이 사망했는지 정확히 알려져 있지 않다.

이러한 어려움에도 댐은 완공되고 수력 발전소는 가동에 들어갔다. 수력 발전소는 사회주의 질서의 상징이 되었으며, 1939년에 열린 시카고 만국박람회에서 소련 전시관의 핵심이었다. 2차 세계대전 중에 두 차례 파괴되었지만 두 차례 모두 재건되며 그 이후로도 몇 차례에 걸쳐 확장되었다. 지금도 드네프르강 수계에 지어진 수력 발전소 여섯 개 중 하나로 가동 중이다.

드네프르 수력 발전소가 얼마나 효율적이고 유용한지에 대해서는 알려진 바가 거의 없다. 건설 전에 적절한 기반 연구가 없었던 것처럼, 건설 이후에도 포괄적인 평가 작업이 이루어지지 않았다. 적절한 평가를 위해서는 프로젝트의 경제적·사회적·생태적 영향을 포괄적으로 다루어야 할 것이다. 소련의 어느 환경주의자는 1980년에 다음과 같이 언급했다.

"드네프르 저수지변의 침식을 방지하고 남조藍藻 식물을 퇴치하기 위해 들어가는 비용은 발전소가 한때나마 가지고 있던 단기적 이점들을 넘어선 지 이미 오래되었다."[128]

생태적 영향을 무시했다고 해서 댐을 계획했던 사람들을 비난할 수는 없을지도 모른다. 당시에는 인공 저수지로 말미암은 환경 파괴는 알려져 있는 것이 거의 없었기 때문이다. 하지만 그들이 대규모 프로젝트의 사회적·경제적 영향을 포괄적으로 연구할 필요가 있다는 팔친스키의 요구를 알고도 무시했다는 것은 분명한 사실이다.

└ 마그니토고르스크의 철강 도시

이후 영국의 연간 철강 생산량에 육박하게 될 거대한 제철소가 1929년에 착공되었다. 이 공업 단지에는 용광로, 평로open hearth furnace, 사상 압연기finishing mill 등이 설치되었다. 건설 부지는 러시아에서 철광석 매장량이 풍부한 곳 근처였다. 이 지역은 예로부터 탐험가들의 나침반이 작동하지 않는 것으로 널리 알려져 있었기 때문에 마그니토고르스크, 즉 자석 산Magnetic Mountain으로 불리었다. 자석 산은 사실 구릉 다섯 개가 이어져 있었는데, 철광석 매장량이 많을 뿐만 아니라 손쉽게 채굴할 수 있다는 장점이 있었다. 소비에트 러시아 최대 제철소 부지로 이 지역이 선택된 것은 당연한 일처럼 보였다.

하지만 이곳이 거대한 제철소를 위한 최적의 장소였을까? 1926년과 1927년에 출간된 논문에서 팔친스키는 소비에트 정부가 지질 자원, 인적 자원, 운송의 경제성, 노동자들을 위한 주택 보급의 어려움 등을 적절하게 연구하지 않고 서시베리아, 우랄산맥, 우크라이나에 거대한 광업 및 정유 시설을 건설할 계획을 추진하고 있다고 비판했다. 그는 자석 산이 보유한 풍부한 광석에는 누구나 경탄을 금치 못했지만, 아무도 총매장량을 꼼꼼하게 연구한 적이 없었다는 점을 지적했다.[129] 어쩌면 수십 년 후 철광석이 고갈될지도 모르는 일인데, 그렇게 된다면 세계 최대 제철소는 다른 지역으로부터 높은 운송료를 들여 광석을 가지고와야 할 것이었다.

그는 마그니토고르스크 주변에서 석탄을 구하기가 쉽지 않기 때문에 처음부터 용광로 연료를 철도를 이용해 들여와야 할 것이라는 점도 지적했다. 또한 철광석과 석탄 같은 무거운 화물을 옮기는 데에는 운하가 훨씬 값싼 방식이지만, 이 지역의 지형 특성상 운하를 이용하기 쉽지 않을 것이라고 예측했다. 미국을 비롯한 외국 사례를 보면, 미네소타주의 메사비산맥Mesabi Range이나 미시건주의 마켓산맥Marquette Range과 같은 철광석 매장지에서 수백 마일이나 떨어진 디트로이트, 개리, 클리블랜드, 피츠버그 같은 곳에 제철소를 건설했다. 피츠버그는 거대한 석탄 매장지 주변이었고, 나머지 세 도시는 운하로 광석을 손쉽게 옮길 수 있는 곳이었다. 중요한 점은 네 도시 모두 노동력을 쉽게 구할 수 있는 도시들이라는 것이었다. 따라서 팔친스키는 엄청난 비용을 들여 마그니토고르스크를 거대 철강 도시로 개발하는 것보다 노동력과 운송 수단을 갖춘 몇몇 지역의 철강 생산량을 확대하는 편이 나을 것이라고 주장했다.

팔친스키가 거대한 철강 공단을 건설하는 것에 무작정 반대한 것만은 아니었다. 그는 마그니토고르스크 부지의 적절성을 원천적으로 배제하지 않았다. 다만 건설 계획 추진은 계획 연구가 꼼꼼하게 이루어진 이후에 이루어져야 할 것이라고 주장했다. 산업 시설 부지를 선정하는 문제는 원료 위치 같은 요소 하나만 보고 결정할 것이 아니라 다양한 요소들을 고려해야 할 것이었다. 그는 중량 측정표gravimetric chart, 자성 측정, 경제성 산출 등을 요청하고 화물 운송에 새로운 방식을 도입할 것을 제안했다. 그리고 소련 정부에게 인간을 최우선시해야 한다는 점을 강조했다. 노동자들이 편안하게 지낼 수 있는 주택과 편의시설은 이와 같은 거대한 공단의 필수 조건이었다.

마그니토고르스크 부지에 관한 팔친스키의 우려는 무시되었다. 소련 정부는 새로운 제철소가 최신예 기술 설비를 갖추게 될 것이며 규모와 품질 면에서 서구 경쟁자들을 압도할 것이라고 발표했다. 당시 세계 제강업의 선두 주자는 인디애나주 개리의 US 스틸United States Steel 공장이었는데, 마그니토고르스크 공장은 이보다 더 크고 더 우수할 것이었다. 이 목표를 실현하기 위해 정부는 미국인 엔지니어들이 계획 수립 과정에 참여하도록 했다. 정부는 외국인 엔지니어들에게 마그니토고르스크가 적당한 장소인지는 묻지 않고, 단지 건설 과정에 자문을 제공하도록 했다. 미국인 엔지니어들에게는 공장 부지 주변 '아메리카나Amerikana'라는 특별 정착지에 테니스장까지 딸린, 당시 소련인들로서는 상상할 수 없을 정도로 호화로운 개인 주택이 제공되었다.

소련 정부는 노동자들에게도 곧 비슷한 혜택이 주어질 것이라고 약속했다. 마그니토고르스크라는 '전원 도시garden city'에 전 세계에서 가장 훌륭한 노동자 사택 지구를 만들겠다는 것이었다. 새로운 도시를 계획하기 위해 프랑크푸르트에서 획기적인 작업으로 유명한 독일인 건축가이자 도시계획가 에른스트 마이Ernst May를 초빙했다.[130] 마이는 노동자들을 산업 공해의 유해한 영향으로부터 보호하기 위해 산업 지대와 주거 지역을 그린벨트로 분리하는 방안을 강력하게 추진했다. 하지만 그의 계획이 실현되기까지 노동자들은 텐트와 판잣집에서 지낼 수밖에 없었다.

'전원 도시' 계획은 결국 실현되지 못했다. 모스크바 지도자들은 빠듯한 일정과 생산 할당량을 맞추기 위해 압력을 가했고, 노동자를 위한 숙소 건설은 우선순위에서 밀려났다. 노동자 20만 명은 계속해서 상하수도 설비가 갖추어지지 않은 텐트, 판잣집, 흙으로 만든 움막에서 지저분한 생활을 할 수밖에 없었다. 산업 공해에서 떨어진 '사회주의 도시'를 건설하고자 했던 에른스트 마이의 시도는 관료들의 반대에 부딪혀, 결국 언론의 십자 포화를 받게 되었다. 노동자 임시 숙소는 용광로에서 나오는 매연에 직접 노출되어 있었다. 1934년에 마이는 크게 실망해 도망치듯 소련을 떠났다. 그는 히틀러 통치하 독일과 스탈린하 소련에서 "인류는 중세 시대와 비슷한 쇠퇴기에 들어섰다"라며 불만을 표시했다.[131]

마그니토고르스크 정규 노동자의 삶보다 더욱 비참했던 것은 3만 명에 달하던 쿨라크 거주민의 생활이었다. 이들은 농업 집단화로 토지를 잃고 수백 마일 떨어진 철강 도시 건설 현장에서 강제 노역을 하고 있었다. 그들은 무장 경비의 감시하에 가장 힘들고 불쾌한 일들을 도맡아 했다. 열악한 의식주 환경 때문에 이들 중 10퍼센트 정도는 첫 번째 겨울을 넘기지 못하고 사망했다.[132] 나중에는 그들 중 40~50퍼센트 정도의 가족이 판잣집 한 곳에서 끼어 살게 되었다. 이러한 판잣집들은 이후 수십 년 동안 '쿨라크 원주민'들의 주거지로 남아 있었다. 살아남은 자들은 1960년대 말과 1970년대 초가 되어서야 아파트 건물에 입주할 수 있었다.[133] 1989년까지도 마그니토고르스크의 아파트는 부엌과 화장실을 공유하고 각방에 한 가족씩 사는 공동 주거 형태를 띠고 있었다.[134]

1980년대 중반에 고르바초프가 소련 개혁 프로그램을 시작한 이후, 마그니토고르스크 주민들은 처음으로 자신의 운명을 개척해나가기 시작했다. 1988년에, 어린 시절 죄수로 마그니토고르스크에 오게 된 한 쿨라크 주민이 자신의 경험을 다음과 같이 묘사했다.[135]

"쇠창살이 달린 기차 화물칸에 마흔 가족이 함께 들어갔다. 앉거나 눕는 것은 불가능했다. 용변은 나무로 만든 양동이에 처리했다. 기차로 사흘 동안 이동했는데 낮에는 견딜 수 없을 만큼 더웠다. 화물칸 내부는 매우 답답했다. 하루 반 동안이나 문이 열리지 않았다……. 몇몇 아이들은 엄마 품속에서 죽기도 했다.

우리가 마그니토고르스크에 도착했을 때 철로 옆에 수레가 놓여 있었다. 우리는 그것이 살아남은 사람들을 위한 것이 아니라는 것을 직감했다. 우리가 탔던 화물칸에서만 시체 네 구가 나왔다. 다른 칸까지

합하면 더 많았다……. 그들은 여섯 가족당 큰 텐트 하나, 두 가족당 작은 텐트 하나씩을 주었다. 모든 텐트에는 번호가 붙어 있었다. 처음 몇 달 동안 우리는 모두 텐트에서 살게 되었다. 비가 오면 텐트 속으로 물이 스며들었다. 바닥은 꽝꽝 얼어 있었다. 사람들은 짐승 가죽, 털, 헝겊 등 마을에서 가지고 온 것들을 덮으며 추위를 견뎠다."

이런 이야기들은 위대한 마그니토고르스크 제철소 건설 신화와는 동떨어진 것이었다. 공식 서사에 따르면 '열성적인' 자원봉사자 수천 명이 사회주의 건설을 위해 현장을 찾아왔다. 1980년대 후반에 마그니토고르크 지역 자유 언론은 "누가 마그닛카Magnitka를 건설했는가? 죄수들인가 열성가들인가?"를 주제로 토론을 벌이기도 했다.[136] 역설적이기도 하고 슬프기도 한 것은, 둘 다 맞는 말이라는 점이다. 스탈린 치하 산업화의 특징 중 하나는 자발적 노동과 강제 노동의 공존, 영웅적 희생과 폭력적 강압의 공존이었다. 이는 아래로부터 상당한 지지를 받으면서 동시에 위로부터 노예로 만드는 사회 혁명이 일어나고 있던 사회에서만 가능했던 비정상적 현상이었다.

마그니토고르스크를 건설하기 위해 달려온 열성가 중에 존 스콧John Scott이라는 젊은 미국인은 5년 동안 자신이 경험했던 일들을 상세하게 기록했다.[137] 그는 스콧 니어링Scott Nearing과 넬리 시즈Nellie Seeds라는 미국의 유명한 급진주의자들의 아들이었다. 스콧은 대공황이 한창이던 시절에 소련으로 가 몰락하는 자본주의의 대안을 찾으려 했다. 마그니토고르스크에서 목격한 고통과 잔인함에 깜짝 놀라기도 했지만, 다른 한편으로 수많은 노동자의 헌신과 영웅적 행동도 보았다. 스콧은 미국으로 돌아온 후 마그니토고르스크와 관련해서 "사람들은 공부하며 전진했다. 그들은 자신들이 믿는 바를 건설하기 위해 노력했다"고 적었다.[138]

소련 이데올로기는 쿨라크 주민들을 사회주의의 적으로 규정함과 동시에 자발적 노동자들을 새로운 질서의 지도자로 칭송함으로써 죄수 노동과 자발적 노동의 공존을 정당화할 수 있었다. 하지만 결국 강압과 박탈, 그리고 부정의가 새로운 체제를 뒤덮었고 지지자들의 신뢰와 자신감조차 파괴하게 되었다. 스콧은 미국으로 돌아간 뒤 소련을 강력하게 비판하는 입장으로 돌아섰다. 결국 마그니토고르스크의 노동자들은 당시 소련에서 대개 그랬듯이 서서히 잊혀갔다.

팔친스키는 1926년과 1927년에 자석 산에 매장된 철광석 양이 예상보다 적을지도 모르며, 운하로부터 멀리 떨어져 있는 거대 제철소의 위치가 문제가 될 것이라는 의구심을 나타냈다. 1970년대 초에 이미 그러한 회의론이 사실로 밝혀졌다. 철광석이 고갈되어 원료를 철로로 다른 지역에서 수입해 와야만 했다. 용광로를 위한 석탄은 처음부터 수입에 의존했다. 이때부터 마그니토고르스크는 철광석과 석탄이라는 무거운 원료를 멀리 떨어진 곳으로부터 육로를 통해 확보할 수밖에 없었다. 마그니토고르스크는 비효율의 기념비가 되었다.

1987년에 젊은 역사학자 스티븐 콧킨Stephen Kotkin이 마그니토고르스크에 살게 되었다. 1930년대에 스콧 이후 이곳에 장기 거주한 최초의 미국인이었다. 그는 구식 설비를 갖춘 제철소를 둘러싼 지저분하고 의기소침한 도시를 보았다. 스콧과 수많은 소련 인민들이 예상했던 사회주의 전원 도시와는 달리, 콧킨이 본 마그니토고르스크는 암울한 모습이었다.

"알코올 중독자가 넘쳐나고, 소비재 부족이 반복되었다. 주택 파동은 멈출 기미가 보이지 않고, 암시장이 곳곳에 열리고 있었으며, 도시 기반 시설은 낡았거나 아예 없었다. 극심한 공해로 주민들의 건강 문제가 우려될 정도였다."[139]

ㄴ 백해 운하

제1차 5개년계획의 거대 프로젝트 중 하나이던 백해 운하 건설은 악몽이었다. 그것은 팔친스키와 동료들이 제시한 엔지니어링 원칙들을 무시했을 뿐만 아니라, 폭압적으로 인권을 유린하는 현장이었다. 드네프르 댐 건설에서 강제 노동은 극히 일부에 불과했다. 마그니토고르스크 철강 도시 프로젝트에서는 보다 많은 죄수들이 자유 노동자들과 함께 일했지만, 죄수들은 여전히 전체 노동력의 일부였다. 백해 운하 건설에서는 관리직 엔지니어에서부터 최하급 노동자까지 거의 전원이 죄수였다. 대개 이데올로기적인 이유로 잡혀온 정치범들이었다. 그들은 상상할 수조차 없을 정도로 잔인한 조건하에서 고생했다. 2년도 채 되지 않은 공사 기간 동안 약 20만 명이 목숨을 잃었다. 평균적으로 매달 만 명씩 죽어 나갔다는 것이다. 사망률은 북극 지방의 겨울에는 올라갔고, 여름에는 떨어졌다.

백해 운하 프로젝트의 목적은 표트르 1세Peter the Great 시대부터 꿈이던 발트해와 백해를 연결하는 것이었다. 아르한겔스크Arkhangelsk와 상트페테르부르크 사이를 오가는 배들은 위험한 북대서양과 발트해를 거쳐 스칸디나비아반도를 돌아 며칠에서 몇 주가 걸리는 항로를 택할 수밖에 없었다. 19세기 초에 파울 1세는 운하 건설을 위한 예비 조사를 명령했지만, 운하가 지나가야만 하는 카렐리야Karelia 지역의 험난한 지형을 고려해 포기했다. 1920년대에 스탈린은 원양 선박이 통과할 수 있는 운하가 있다면 레닌그라드와 카렐리야 지역의 산업이 눈부시게 발전할 수 있을 것이라며 그 가능성을 언급하기 시작했다. 더구나 발트해와 백해의 해군 함대 사이에 선박을 손쉽게 교체할 수 있었다.

수력 발전소처럼 운하 역시 사회주의 건설의 상징으로 적당했다. 백해 운하는 거짓으로 점철된 기록물과 소설 소재가 되었다. 그 이름을 따서 인기 있는 담배 상표가 만들어지기도 했다. 소련에서 출간된 운하 건설 과정을 설명한 책은 프로젝트가 야기한 인적 피해 비용을 완전히 무시했다. 이러한 책의 영어 번역본은 운하 건설을 미화하고 그 잔인함을 감추었는데, 속아서 번역을 맡은 어느 영국 작가는 책 서문에서 "즐겁고 흥미진진하다"고 썼다.[140]

스탈린은 운하를 매우 좋아했다. 그는 건설 과정에서 엔지니어의 역할에 매료되었던 것으로 보인다. 특히 전문성을 갖추었지만 정치적 입장 때문에 믿을 수 없는 엔지니어들에게 관심을 가졌다. 혁명 전에는 알렉산드르 보그다노프Alexandr Bogdanov의 〈레드 스타(Red Star)〉와 〈엔지니어 멘니(Engineer Menni)〉라는 소설을 즐겨 읽었다.[141] 이 SF 소설에서 화성에 도착한 사회주의 건설자들은 멘니라는 엔지니어에게 의존할 수밖에 없게 된다. 사회주의 혁명 이전에 교육을 받은 멘니는 뛰어난 엔지니어였지만 반역자이기도 했다.[142] 멘니는 일부러 운하의 공사 진행을 늦추고 노동자를 많이 죽게 만드는 경로를 제안한다. 결국 멘니는 체포되고, 잘못을 바로잡은 후 운하가 무사히 완공된다. 스탈린은 제대로 된 감시 체계를 만들 수만 있다면 적대적인 기술 전문가들도 국가 발전을 위해 그들의 전문성을 발휘하도록 강제할 수 있을 것이라고 믿었다. 하지만 백해 운하 프로젝트의 최종 결과는 팔친스키가 1921년에 작성한 글에서 피력했던 의견, 즉 엔지니어와 노동자를 강압적으로 대했을 경우 '가공할 만한monstrous' 결과가 나타난다는 생각을

정당화했다.[143]

프로젝트를 주도했던 엔지니어는 N. I. 흐루스탈레프Khrustalev, O. V. 뱌젠스키Viazenskii, A. G. 아나니예프Anan'ev, V. N. 마슬로프 Maslov, K. A. 베르즈비츠키Verzhbitskii, K. M. 주브리크Zubrik 등이었 다. 이들에게는 프로젝트 자체의 옳고 그름을 판단할 권한이 주 어지지 않았다. 운하가 연중 절반 정도 얼어 있을 것이기 때문에 이미 존재하는 철로를 현대화하는 것이 나을지도 모른다는 생각 은 보고서에서 빠져 있었다. 이 엔지니어들은 죄수였기 때문에 경 찰 관리자들에게 운하 경로와 건설 방식과 관련한 의견만을 제시 할 수 있었다. 엔지니어들은 두 가지 경로를 제안했다. '서쪽 경로' 는 보도라젤Vodorazdel과 세고제로Segozero라는 지역을 지나 세게자 Segezha강과 쿰사Kumsa강을 만나게 되었다. '동쪽 경로'는 비크호 Lake Vyg를 건너 강바닥을 파낸 비크강을 지나는 길이었다. 서쪽 경 로의 장점은 깊이가 충분하고 수량이 풍부하다는 것이었다. 단점 은 건설 기간이 길고 보다 많은 댐과 기계 장비가 필요하다는 것 이었다.

엔지니어들은 서쪽 경로를 권고했다. 동쪽 경로의 수량은 봄에 눈이 녹은 물에 의존하는데, 적설량이 적은 해에는 수량이 부족해 질 수 있을 것이라고 생각했다. 동쪽 경로보다 깊은 서쪽 경로는 건기에도 거대한 콘크리트 댐으로 수량을 유지할 수 있었다. 엔지 니어들에게 돌아온 대답은, 운하가 20개월이라는 초단기 내에 완공되어야 하며, 외국에서 수입해야만 하는 기계 장비나 콘크리트를 사용할 수 없다는 말이었다. 즉, 건설 자재로는 주변에서 쉽게 구할 수 있는 목재, 석재, 흙을 사용할 수밖에 없었다. 작업은 모두 인간과 말의 노동력에 의존해야만 했다. 휴 쿠퍼가 드네프르 댐 프로젝트에서 사용했던 굴삭기나 기계식 크레인은 사용할 수 없었다.

정치적으로 취약한 죄수이며 '부르주아 전문가' 엔지니어들은 제대로 작업을 진행하기 어려웠다. 만약 엔지니어들이 서쪽 경로를 고집했다면, '엔지니어 멘니'처럼 프로젝트를 사보타주할 의도가 있거나 자본주의 이득을 위해 복무하고 있다는 혐의를 뒤집어쓸 것이었다. 이미 죄수들이었지만, 더 큰 처벌도 받을 수 있었다. 힘든 육체노동을 해야 하는 위치로 강등되거나, 다른 감옥으로 전출되거나, 심지어 처형을 당할 수도 있었다. 그래서 전문가로서의 소견을 포기한 채 동쪽 경로로 결정하는 것에 동의해 죄수 수십만 명을 데리고 가장 초보적인 건설 방법으로 운하를 건설하는 일을 떠맡았다.

노동자 사이에서 유행했던 용어를 보면 그들이 당시 작업 방식을 어떻게 생각했는지를 알 수 있다.[144] '벨로모르 포드Belomor Ford'는 나무 롤러 네 개에 판자를 올려놓고, 말 두 마리나 노동자 십여 명이 끄는 것을 이르는 말이었다. '유압 기중기hydraulic derrick'는 말이 끄는 목재 크레인이었다. '굴삭기excavator'는 손수레를 끌고 다니는 여성 노동자 한 무리를 일컬었다. 커다란 돌을 옮길 때에는 줄로 묶어서 말이나 죄수들이 끌었다. 나무를 쓰러뜨릴 때에도 비슷한 방식을 사용했다.

엔지니어들은 운하 옹벽을 세울 때 콘크리트와 금속을 최소한으로 사용하라고 지시받았다. 그들은 나무 상자에 돌과 흙을 채워 벽을 세웠다. 겨울을 나면서 상자가 얼었다가 녹으면서 망가지는 경우가 있었는데, 그럴 때마다 다시 만들어야만 했다. 갑문을 만들기 위해 금속을 요청했으나 거절당했다. 마슬로프라는 엔지니어는 어쩔 수 없이 목재로 갑문을 설계했지만 몇 년 지나지 않아 그 갑문은 썩어버렸다.[145]

죄수들은 대개 텐트나 나무로 만든 판잣집에서 생활했고, 야영을 하는 경우도 있었다. 음식은 턱없이 부족했다. 여러 해 후, 몇몇 생존자들이 강제 노역자의 삶(그리고 죽음)에 관한 글을 남겼다. D. P. 빗콥스키Vitkovskii는 겨울철에 작업하는 과정을 다음과 같이 묘사했다.[146]

"하루 일과가 끝나고 나면 현장에는 시체들이 남아 있었다. 시체 얼굴에는 눈이 쌓였다. 한 사람은 뒤집어진 손수레 밑에 구부정한 자세로 소매 속에 손을 집어넣은 채로 죽어 있었다. 또 누군가는 무릎 사이에 머리를 묻은 채로 얼어죽기도 했다. 두 사람이 서로 등을 맞대고 동사했다……. 밤이 되면 썰매를 타고 시신들을 수습했다."

1933년 5월 1일에 비밀경찰 책임자 겐리흐 야고다Genrikh Yagoda
는 스탈린에게 운하가 예정된 기한 내에 완성되었다고 보고했다.
같은 해 7월에 스탈린은 몇몇 보좌관들과 함께 작은 증기선을 타
고 운하 위에서 유람을 즐겼다.

백해 운하는 건설 직후부터 문제점이 여러 가지 드러났다. 그것
은 적설량이 많은 해에도 너무 얕아서 원양 선박들은 지나갈 수
없었다. 운하 건설의 중요한 이유 중 하나이던 해군 군함을 교체
하는 것도 불가능했다. 몇 년 안에 운하 옹벽과 갑문은 무너져 내
렸다. 2차 세계대전 이후 운하 전체를 재건축하기 시작했다. 새로
지어진 운하들은 원래의 운하 경로와 평행하게 건설된 까닭에 똑
같이 수량 부족 문제에 시달렸다. 최소한 나중에 지어진 운하들에
는 금속제 갑문을 갖추었다. 1966년 여름 어느 날, 솔제니친이 운
하에서 하루를 보냈다. 여덟 시간 동안 바지선 두 척이 목재를 싣
고 지나갔는데, 서로 반대 방향으로 옮기고 있었다.[147] 갑문 경비원
조차 운하 통행량이 거의 없었다고 말했다. 하지만 벨로모르는 소
비에트 산업화 시절의 유산으로 여전히 남아 있다.

4장

소련식 테크노크라시

■

□

1930년 이후 소련 엔지니어들은 팔친스키가 엔지니어링 활동에 내재되어 있다고 믿던 폭넓은 사회적·경제적 문제들을 외면하게 되었다. 1930~1940년대에 나타나게 된 이러한 변화의 이유 중 가장 주요한 것은 두려움이었다. 1930년대 초 대규모 숙청 이후 소련 엔지니어들은 말썽을 피하기 위해서는 공산당 지도부가 하달하는 좁은 기술 과제에 집중해야 한다는 것을 알게 되었다. 1930년 산업당 사건 직후 소련을 방문한 미국인 엔지니어는 "처음부터 나는 러시아 엔지니어(표트르 팔친스키를 뜻함)가 마시는 공기에 두려움이 섞여 있음을 직감했다. 그가 자신의 직분을 성실하게 수행하지 않았다면, 그것은 그가 전문가로 인정받기 전에 정치적으로 평가받았기 때문이다"라고 평했다.[148]

두려움이 만연하자 엔지니어들은 논쟁을 피하게 되었다. 노동자의 안전이나 주거 환경에 의문을 제기하지 않았다. 이러한 질문을 하는 것은 상사의 비위를 거스르는 일이었다. 관리자들은 자신이 맡은 공장이나 광산에 부과된 생산 할당량을 채우는 것에 온 정신을 쏟는 형편이었다. 하지만 주어진 기술 과제에만 집중한다고 해서 정치 논란을 피할 수 있는 것은 아니었다. 엔지니어들은 생산량 증대라는 잣대로 끊임없이 평가받았다. 공장 공산당 지도부의 눈으로 보면 할당량을 채우지 못하는 것도 '정치적인' 잘못이 될 수 있었다. 따라서 많은 엔지니어들은 생산 현장을 떠나 개인의 잘못을 쉽게 알아차리지 못하는 연구소로 가기를 원했다. 이러한 현상을 목격한 어느 미국의 역사학자는 이를 '생산으로부터의 도주flight from production'라고 불렀다.[149]

엔지니어들이 자신의 작업을 좁게 해석하게 된 두 번째 이유는 교육 제도가 변했기 때문이었다. 이러한 변화는 현재까지 장기적으로 영향을 끼치고 있다. 엔지니어를 훈련하는 일은 원래 폭넓은 교육을 강조하는 교육부Ministry of Education 소관이었는데, 졸업생들에게 제한되고 기능적인 목표를 제시하는 산업 관련 부처로 이관되었다.[150] 엔지니어링 교육 기관 교수들은 정치나 사회 정의와 관련한 사안을 회피하고, 과학과 기술 교육에 집중했다. 소련의 엔지니어링 교육 기관에서는 새로운 유형의 엔지니어를 대량으로 길러내기 시작했다. 이들은 곧 혁명 전 교육을 받은 엔지니어들의 자리를 차지했다. 1930년 이후 소련은 세계 어느 나라보다 엔지니어를 많이 양성했다. 하지만 이들은 오직 생산량 증대가 목표인 채 다른 요소들은 깡그리 무시하는 제한된 시야를 가졌다. 새로운 소련 엔지니어들이 받은 교육은 제정 시기 선배들보다 훨씬 제한 되었을 뿐만 아니라, 다른 나라 엔지니어와 비교해보았을 때도 편 협했다.

소련 엔지니어들의 특수성은 내가 1960년 모스크바대학교에 교환 학생으로 갔을 때 처음 알게 되었다. 그로부터 5년 전 나는 퍼듀대학교에서 화학공학으로 학위를 받았다. 퍼듀에서는 제약 이 심한 공과대학 교육 과정 때문에 괴로웠다. 나에게 허용된 선 택 과목 몇 가지로는 열역학과 미분방정식 너머의 거대하고 복잡 한 세상을 탐험하기에 태부족이라고 느꼈다. 졸업 후에는 잠시 엔 지니어로 직장 생활을 하다가 컬럼비아대학교 대학원에 진학했는 데 전공을 바꾸어 과학기술사, 특히 러시아 과학기술사를 공부하 게 되었다. 모스크바에 가게 된 것도 학위 논문 준비를 위해 자료 를 조사하기 위해서였다.

나는 여전히 스스로 엔지니어라는 생각을 조금은 가지고 있었 기 때문에 소련 공과대학 학생들의 경험을 듣고 싶은 마음이 컸 다. 내가 소속된 모스크바대학교나 잠시 방문했던 레닌그라드대 학교에는 공과대학 학생들이 없었다. 누군가 엔지니어는 모두 특 수 기술학교에서 교육받는다고 이야기해주었다. 마침내, 어느 날 모스크바 근교로 소풍을 나갔을 때 나는 자신을 엔지니어라고 소개하는 젊은 여성 한 명을 만나게 되었다. 나는 "어떤 유형의 엔지니어입니까?"라고 물어보았다. 엔지니어는 "제지 공장용 볼 베어링 엔지니어예요"라고 대답했다. 다시 "아, 당신은 기계공학 엔지니어로군요?"라고 하자, 엔지니어는 "아니요, 제지 공장용 볼 베어링 엔지니어라니까요"라고 재차 대답했다. 믿을 수가 없어 "설마 '제지 공장용 볼 베어링' 학위를 주지는 않겠지요?"라고 추궁했다. 그 사람은 자신이 정말로 그러한 학위를 취득했다고 설명했다.

이후 몇십 년 동안 나는 소련 엔지니어링 전문가들의 역사와, 엔지니어들이 소련 정치 및 경제 발전에 끼친 영향에 깊은 관심을 갖게 되었다. 팔친스키를 살펴보기 시작하고 나서야 소련 엔지니어링의 특징이 1920년대 말과 1930년대 초, 즉 그가 처형될 무렵에 그 기원이 있다는 사실을 알게 되었다.

엔지니어링 교육에 대한 팔친스키의 견해는 스탈린, 흐루쇼프, 레오니트 브레즈네프Leonid Brezhnev가 통치했던 반세기 동안의 변화와 극명한 대조를 이루었다. 이 시기에 엔지니어링은 대학 교육 전반에 영향을 미쳤다. 이는 미국, 영국 및 여타 서방 국가들에서 일반적으로 비전문가를 키우는 교양 교육을 제공하는 소련 교육 기관이 없었기 때문이었다.[151] 소련 대학 졸업자들은 일반 대학교 출신(1959년에 40개)이거나 특수 기술학교(통신 및 야간 학교를 제외하면 656개) 출신이었다.[152] 둘 다 서양 기준으로 보면 폭넓은 교육을 제공한다고 할 수는 없었지만, 모스크바와 레닌그라드 같은 명문 대학들의 사정은 기술학교에 비하면 확실히 나았다. 불행히도, 대학교 졸업생 숫자는 기술학교에 비하면 미미했다. 1930년에서 1960년 사이에 고등교육을 받은 사람의 88%가 대학 체계 바깥의 특수 기술학교 출신이었다.[153]

서구에서 인문학humanities이라고 알려진 분야는 스탈린 이후 시기 소련 교육에서는 거의 말라 죽었다. 그 대신 소련 학생들은 일찌감치 특정 직업과 연계된 전공 분야를 선택하게 되었다. 그리고 이러한 전공 분야는 세세하게 나뉘어져 있었다. 1960년대 소련 교육의 권위자 니콜라스 디윗Nicholas DeWitt은 "소련의 전문화는 세계 어디보다도 확연하게 구분되어 있다"고 적었다.[154] 이와 같은 강력한 전문화가 내가 모스크바에서 만났던 제지 공장용 볼 베어링 엔지니어를 만들어냈던 것이다.

어떤 전공 분야는 다른 것들보다 더욱 좁게 구획되어 있었다. 문학, 국제 관계, 미술사 같은 분야를 전공한 소련 학생은 공부하는 과정에서 사회 문제와 관련한 지식을 약간 갖게 될 수밖에 없을 것이다. 하지만 기술학교에는 교양 교육의 전통이 전무했다. 미국 엔지니어링 전문학교 퍼듀, 캘리포니아 공과대학Caltech, MIT 같은 곳에서 일부 교양 교육을 제공하는 것과는 달랐다. 소련 기술학교 학생들은 다른 산업 국가들처럼 기계공학, 토목공학, 또는 전기공학을 전공하는 대신 세부 분야 수백 가지 중 하나를 선택했다. 조지타운대학교Georgetown University의 할리 발저Harley Balzer

는 이러한 상황을 1930년대의 산물이라고 보았다.

"각 위원회는 전문 분야 인력을 따로 양성하려 했는데, 분야 설정이 지나치게 좁게 되어서 우스꽝스러울 정도였다······. 경공업 위원회는 기계 종류별로 압축기를 담당하는 엔지니어링 전공을 만들었다. 중공업 위원회는 유성 페인트와 비유성 페인트를 다루는 엔지니어를 위한 별도 과정이 필요하다고 고집했다. 농업 위원회는 개별 농작물을 담당하는 농학자, 개별 동물을 다루는 수의사를 키워냈다."[155]

디윗은 30년 후에 다음과 같이 회고했다.[156]

"소련 엔지니어링 교육에서 전공 분야가 급증했던 것은 전통 엔지니어링 분야를 끊임없이 세분했기 때문이었다. 즉, 기계공학은 관련 전공 수십 개로 나뉘게 되어, 심지어 농기계, 공작기계, 주조 설비, 자동차, 트랙터, 비행기 엔진 등 세부 전공이 생겨났다. 금속공학에서는 구리와 합금을 다루는 전문가를 따로 양성했고, 석유 및 가스를 시추하는 사람과 석탄광을 탐사하는 전문가가 달랐다. 토목공학에서는 교량 설계, 대규모 유체 구조, 공장 건설을 담당하는 전문가를 별도로 길렀다. 엔지니어링 파편화는 이 분야에서 공통적으로 나타나는 특징이다."

심지어 자이로스코프 기기 및 시스템 전공이 있을 정도였다.

소련 고등교육 기관에 소속된 학생 모두는 마르크스주의 수업을 필수로 이수해야만 했다. 1950~1960년대의 기술학교에서도 공산당사, 변증법적 유물론, 정치 경제 관련 강좌 세 개가 개설되었는데, 이 과목 외에는 모두 기술 관련 교과목으로 채워져 있었다. 이 교과목에서 사용하는 교과서는 학문 탐구가 아니라 이데올로기 주입을 위해 작성되었다. 정치 경제 교과서가 특히 흥미롭다. 팔친스키는 일찍이 모든 엔지니어들에게 정치 경제를 필수 교과목으로 지정해야 한다고 제안했다. 하지만 그가 염두에 두던 것은 사회·경제·산업의 복잡한 상호 작용을 탐구하고 주요 경제 이론가들의 사상을 배우는 것이었다. 하지만 소련 학생들이 배운 것은 마르크스의 역사 단계설을 간략하게 해설한 것이었다. 소련 정치 경제학 교과서에서 스탈린 이후 소련을 다루는 주요 주제들은 '자본주의 이전 생산 관계', '자본주의 생산 관계', '사회주의 생산 관계'였다. 이 책은 소련 경제의 장점을 반복해서 주입했다. 생산 수단 국유화에 바탕을, 중공업에 우선순위를 두며 노동자 수천 명이 거대한 공장들에 집중되어 있다는 것이다. 팔친스키를 비롯한 여러 논자들이 지적했듯이, 성숙한 경제에서 대기업과 중소기업, 사기업과 국유 기업, 개인과 기업 경영진이 다양하게 공존하는 것이 중요하다는 의견은 깡그리 무시되었다.

1958년에 출간된 소련 정치 경제 교과서에는 각주가 231개 달려 있지만, 비마르크스주의자의 논의는 단 하나도 인용되어 있지 않다.[157] 참고 문헌 약 3분의 1 정도는 마르크스, 엥겔스, 또는 레닌의 저작이었다. 나머지는 공산당 결의문이거나 스탈린, 흐루쇼프, 마오쩌둥의 저작, 소련 정부의 법령이었다. 개정판에서는 스탈린과 흐루쇼프의 저작이 브레즈네프로 교체되었고, 마오쩌둥은 삭제되었다. 비사회주의 국가에서 개발된 다양한 경제 이론, 산업 경영에 관한 논의, 경영경제학 소개는 전혀 없었다. 1980년대 후반 공산주의 붕괴 이후 소련 엔지니어와 산업 경영자들이 시장 경제에 적응하는 데 어려움을 많이 겪었던 것은 당연한 결과였다. 그들은 시장 경제를 이해하기 위한 기본 어휘조차 알고 있지 않았다.

소련 엔지니어링 학생들이 4~6년 동안 학교를 다니며 배웠던 나머지 비기술 교과목 두 가지는 복잡한 세상사를 알려준다는 측면에서는 정치 경제 과목보다 훨씬 못했다. 변증법적 유물론 교과서에는 자연에서의 '변증법 법칙'을 간단히 소개한 글이 포함되어 있다. 그것은 소련 학생들 사이에서 가장 지루한 과목으로 악명이 높았다. 소련공산당사 교과서는 공산당을 '프롤레타리아의 전위'이자 국가 운명을 지휘하는 지도부로 묘사하는 등 심각하게 왜곡된 역사관을 전달했다. 트로츠키와 부하린 등 과거 지도자들은 '멘셰비키–트로츠키 반대파'와 '반당적 부하린 우익 기회주의자'의 수괴로만 그려졌다.

결론적으로, 소련 엔지니어링 학생들은 편협한 교육을 받았다. 지적으로 빈곤했고 정치적으로 극단적이었을 뿐만 아니라 사회적으로 무지했고 윤리적으로는 설득력이 없었다. 이러한 교육을 받은 학생들이 소련의 공장이나 연구소에서만 일했으면 그나마 나았을 것이다. 하지만 나중에 소련 정치 지도자들이 된 사람 중 상당수가 이러한 교육을 받고 성장했다. 권력을 가지게 된 무지한 테크노크라트들은 국민들 삶의 방식에 심대한 영향을 미쳤다.

팔친스키가 강조하던 사회·경제 문제들에 무지했던 새로운 엔지니어들은 소련 산업계를 장악했을 뿐만 아니라 볼셰비키 출신들을 대신해 공산당 지도부의 신세대가 되었다. 1960년대와 1970년대가 되자 공산당과 정부 고위직에는 엔지니어 출신들이 즐비하게 포진했다. 미국의 소련 전문가들이 보기에 미국에서 정치 지도자가 되려면 법률 교육을 받아야 한다면, 소련에서는 고위 공직자가 되려면 엔지니어링 교육을 받아야 한다고 할 정도였다.[158]

17년 동안 소련 지도자로 군림한 브레즈네프는 M. I. 아르세니체프Arsenichev 금속기술학교의 야간 과정을 통해 압연강 제조 방식에 대한 엔지니어링 학위를 받았다. 그도 예외는 아니었다. 다른 어느 산업 국가보다 소련에서 엔지니어 상당수가 정치권 상층부를 차지했다. 1955년에서 1986년까지 소련공산당 정치국Politburo에서 기술 교육을 받은 사람의 비율은 59%에서 89%까지 높아졌다.[159] 테크노크라시를 기술 분야 교육을 받은 사람들이 지배하는 것이라고 정의한다면, 소련의 마지막 사반세기는 의심의 여지 없는 테크노크라시였다. 하지만 소련 테크노크라시는 세계에서 유례를 찾아볼 수 없을 정도로 편협한 교육을 받은 엔지니어들이 지배하는 것이었다. 시인 보리스 파스테르나크Boris Pasternak는 "운하를 짓기 위해 인간을 희생시켜도 되는가? 오늘날 엔지니어는 신과 같은 권력을 손에 쥐게 되었다"라고 항변했다.[160]

소련 최고 행정가들이 받은 편협한 엔지니어링 교육은 자신의 관리 스타일과 정책 선호에 영향을 미쳤다. 그들은 대규모 기업의 우수성을 신봉하도록 교육받고, 배운 대로 거대 프로젝트를 끊임없이 벌였다. 탈집중화가 시작된 1992년까지도 러시아 산업체의 75%는 노동자를 1,000명 이상 고용하고 있었다.[161] 이러한 기업들은 자원 투자, 환경 문제, 사회 비용 등 관점에서 문제가 생길 수밖에 없었다. 거대 건설 프로젝트를 사랑하는 엔지니어 출신 행정가들은 경제학이나 비용-편익 분석을 거의 알지 못했고, 사회학이나 심리학은 말할 것조차 없었다. 팔친스키는 그들을 진정한 의미에서 엔지니어가 아니라 테크니션이라고 보았을 것이다.

소련의 대규모 건설 프로젝트에는 수력 발전소와 운하만 있던 것이 아니라, 세계 최대 원자력 발전소도 있었다. 우리가 체르노빌 이후에 알게 되었듯이, 이러한 원자력 발전소들에는 안전장치를 최소한만 갖추었고 비상시 지역 주민을 대피하도록 하는 고려도 부실했다.[162] 실현되지는 않았지만, 이보다 훨씬 더 거대한 규모의 프로젝트들도 제안된 적이 있었다. 예를 들어 1980년대에 설계된 북부 하천 프로젝트Northern Rivers Project는 시베리아 지역 강의 흐름을 바꾸어 중앙아시아 농업의 관개수를 제공하는 것이 목표였다. 역대 최대의 토목공학 프로젝트이던 이 계획이 실현되었다면 환경 파괴가 재앙 수준으로 일어났을 것이다. 간척 엔지니어와 중앙아시아 정치 지도자들이 추진하던 북부 강 프로젝트는 환경주의자, 문화유산의 파괴를 우려한 러시아 민족주의자, 비용 – 편익 측면에서 의문을 가졌던 경제학자들이 극심하게 반대해 추진이 지연되었다. 이 프로젝트는 고르바초프가 정권을 잡은 직후 무기한 연기되었으나, 몇몇 중앙아시아 지도자들은 여전히 기회를 엿보고 있다.[163]

소련 도시 내 건설된 주택에서는 미적 감각보다는 손쉬운 건설을 추구하는 엔지니어들의 제한된 시야가 보였다. 최근 소련 도시를 방문해보면, 모듈식으로 거의 똑같은 아파트 건물이 줄지어 있는 모습을 볼 수 있다. 아파트 내부는 몇 가지 종류밖에 없다. 마그니토고르스크의 노동자들이 1970년대에 마침내 판잣집을 떠나 아파트로 이사했을 때 선택할 수 있는 옵션은 극히 제한되어 있었다. 이웃이 'A형' 또는 'B형' 아파트에 산다는 것만 알면 집 내부에 옷장이 어디 있고 화장실이 어디인지까지 알 수 있었다. 노보시비르스크Nobosibirsk 같은 도시에서는 난방과 상하수도 설비도 없는 통나무집에 살던 주민들이 아파트로 이주하는 것을 저항하기조차 했다. 통나무집은 살기에는 불편했지만 개성이 있었다. 주민들은 창문 주변에 색깔이 화려한 나무로 장식을 달아 우울한 생활에 활력을 약간이나마 불어넣었다. 이주 저항자들은 단조로운 콘크리트 아파트의 '삭막함souless'을 이야기했다.

이러한 천편일률적인 모습은 1950년대, 1960년대, 1970년대 소련 의류·가전·가로등·공원 벤치·가구 등에서 일관되게 찾아볼 수 있다. 내가 학생으로서 모스크바를 방문했던 1960년대 초 거의 모든 아파트에는 똑같이 생긴 주황색 전등갓이 달려 있었다. 사회 전체의 미학은 물건을 만들고 정부를 운영하던 편협한 엔지니어들의 천박한 취향에 따라 결정되었다. 1980년대가 되어서야 외국 상품들이 유입되고 도시 디자인 감각이 생겨나면서 상황이 바뀌기 시작했다. 오늘날 혁명 전 건물을 복원하는 데에 관심이 높아지는 이유는 테크노크라트 지도자 문화보다 다양하고 감각적인 문화를 동경하기 때문이다.

소련의 농업 정책 결정자들 또한 경제·사회 문제를 기술에 관계해 해결하는 방책을 추구했다. 그들이 집단화된 농업을 선호했던 것은 토지를 사회주의적으로 소유하려는 원칙 때문만은 아니었다. 그들은 트랙터와 콤바인 같은 현대식 농기계를 효과적으로 사용하기 위해서는 농지가 개인 소유로 잘게 쪼개져 있어서는 안 될 것이라고 믿었다. 이러한 믿음에 전혀 근거가 없는 것은 아니었다. 지난 반세기 동안 전 세계 농장의 평균 면적이 증대한 것은 분명한 사실이다. 하지만 기술에 맞춰 결정된 소련의 정책은 근면한 개인 농장주와 무기력한 공무원 간 차이를 만들어내는 경제적·심리적 측면을 충분히 고려하지 않은 것이었다. 팔친스키는 사회주의자로서 아마도 토지를 공공으로 소유하는 데 찬성했을 것이다. 하지만 소련의 농업 정책이 생산자인 인간의 욕구라는 가장 중요한 요소를 무시했다고 지적했을 것이다.

1950년대에 소련 농업이 심각한 곤경에 처했다는 것을 알게 된 흐루쇼프는 또다시 테크노크라트식 해결책을 꾀했다. 아직 개간되지 않은 토지에 대규모로 기계화 국영 농장을 확대하겠다는 것이었다.[164] 이 프로그램은 집단 농장 문제와 건조한 땅에서 작물을 재배하는 어려움이 동시에 나타나 곧 골칫거리가 되었다. 흐루쇼프의 유토피아적 계획을 포기한 후에도, 브레즈네프 치하 소련 정부는 여전히 대규모 기계화 국유 집단 농장을 추진했다. 하지만 농기계만 충분히 있으면 이러한 농장들이 성공할 수 있다는 믿음은 결국 근거가 없는 것으로 판명되었다. 1970년대에 소련은 전 세계에서 트랙터와 콤바인을 가장 많이 생산했다. 하지만 아무리 기계가 많아도 농업 생산성이 낮아지고, 상품을 열악하게 분배하게 되는 동기 부여 문제를 해결할 수는 없었다.

ㄴ 소련 엔지니어들 사이의 불만

소련 엔지니어들과 엔지니어 출신 정치 지도자들이 받은 편협한 교육은 소련을 지배하던 테크노크라트 정책으로 이어졌다. 하지만 1930년대 초 이후 소련 엔지니어 공동체가 꽁꽁 얼어붙은 상태였다고 생각하는 것은 잘못일 것이다. 1950~1960년대에 소련 엔지니어 대부분은 이전 세대 선배들을 압도했던 두려움을 완전히 극복했다. 이제는 이들이 체제를 이끌어나가는 핵심 세력이 되었던 것이다. 이와 동시에 엔지니어 소수는 강제된 침묵이 불러일으키는 악영향에 점차 눈을 뜨기 시작했다.

소련 정책을 엔지니어가 비판하는 일은 다른 분야 전문가들에 비해 훨씬 드물었다. 팔친스키를 포함한 몇몇 예외 인물들을 제외하면, 엔지니어들은 일반적으로 사회·정치 문제에 대한 평론을 글로 남기지 않는다. 소련 엔지니어들은 글로 남기지 않을 이유가 다른 나라 엔지니어들보다 훨씬 많았다. 더구나 1940~1950년대 동안 소련 엔지니어 대부분은 군산 복합체military-industrial complex의 일원이 되었는데, 평지풍파를 일으켜서 좋을 것이 없다는 것을 잘 알고 있었다. 소련 엔지니어들은 사실상 경제적·정치적 기성 질서를 유지하는 세력의 일원이었다. 1960~1970년대 초에 등장한 반체제 인사는 주로 자연과학자나 문학계 지식인으로 지하 출판물samizdat을 통해 체제를 비판하는 글을 발표했다. 하지만 엔지니어들 사이에서도 정치의식이 자라나고 있다는 징조가 없지는 않았다.

2차 세계대전이 끝나자 스탈린은 독일을 물리치는 데 공로를 세운 하급 기술 전문가들을 치하했다. 그는 이들을 "위대한 정부라는 기계 나사"라고 불렀다. 이는 불쾌하지만 정확한 표현이었다. 모스크바 중앙항공 기술학교 엔지니어링 학생들은 이에 항의하는 의미로 시위를 조직했다. 학생들은 최대한 빽빽하게 서서 학교 복도를 따라 행진하며 "우리는 나사이다, 우리는 기계 톱니바퀴이다"라고 외쳤다. 그럼에도 처벌받지는 않았는데, 아마 학생들이 학외 진출을 시도하지 않았고 소련의 무기 개발 계획에서 가장 귀중한 엔지니어들이라는 사실이 고려되었을 것이다.[165]

엔지니어들에게 특히 중요했던 사건은 1956년 블라디미르 두딘체프Vladimir Dudintsev의 소설 《빵만으로는 살 수 없다》가 출간된 일이었다. 이 소설의 주인공 로팟킨Lopatkin은 하수도 파이프를 주조하는 새로운 방법을 고안해낸 엔지니어이다. 로팟킨이 자신의 혁신을 인정받기 위해 소련 관료들과 투쟁하는 이야기는 비슷한 문제를 겪던 소련 엔지니어들 사이에서 큰 파장을 일으켰다.

스탈린 이후 시기에 전임 공산당 당직을 맡지 않은 실무 엔지니어의 사회적 지위와 명망은 하락했다.[166] 임금은 숙련공보다 낮을 때도 있었다. 많은 엔지니어들이 산업계를 떠나 다른 직종, 또는 공산당 조직으로 이직하기 위해 노력하던 것은 놀라운 일이 아니었다. 연구 및 개발에 종사하는 엘리트 엔지니어들조차 자신들의 사회적 지위가 하락하고 있다고 생각했다. 1960년대 초에 엔지니어들이 학술원Academy of Sciences에서 쫓겨나자 이러한 생각은 더욱 강해질 수밖에 없었다. 이 사건 이후 엔지니어 몇몇은 전문가로서의 지위를 지키기 위해 방안을 모색하기 시작했다. 미국 인디애나주 개리의 US 스틸 공장에서 일한 경력이 있는 저명한 엔지니어 I. P. 바르딘Bardin은 학술원에서 엔지니어를 추방한 데에 강력하게 항의하며 화학자 N. N. 세메노프Semenov와 같은 자연과학자에게 대항했다.[167] 하지만 엔지니어들은 결국 패배했고, 그들의 지위는 계속해서 하락해갔다. 1970~1980년대가 되면, 소련 기술학교들은 신입생을 충원하는 데 어려움을 겪을 정도였다. 하지만 엔지니어들은 여전히 놀랄 정도로 얌전했다.

1970~1980년대에 엔지니어 몇몇이 소련 산업과 군사 기술이 서구 경쟁국들에 비해 뒤떨어지고 있다는 우려를 제기했다. 엔지니어들은 이러한 사태가 엔지니어 탓이 아니라 그들이 직면한 관료주의적 방해물 때문이라고 믿었다. 그래서 스스로 목소리를 내기보다 공산당 지도자나 저명한 과학자를 통해 자신의 생각을 전달하려 했다. 결국 1970년에 안드레이 사하로프Andrei Sahkarov와 학자 두 사람은 소련이 '2등 변방 국가 지위'로 다시 떨어질 위험에 처했다고 경고했다.[168] 군사 기술 엔지니어들은 가끔 공산당 고위직의 후원을 통해 요구 사항을 전달하기도 했다. 1980년대 초에 소련 원자력 엔지니어들이 원자력 발전소의 안전 문제를 위해 목소리를 냈다는 증거도 있다. 그들은 원자로 주변에 더 나은 차폐 구조물을 설치한다면 안전도가 높아질 것이고, 이는 소련 원자력 산업이 세계 시장에서 보다 성공적으로 경쟁할 수 있게 해줄 것

이라고 믿었다.[169] 엔지니어들의 의식이 서서히 깨어나고는 있었
지만, 이들은 여전히 다른 분야 전문가들에 비해서는 대단히 수동
적이었다. 엔지니어가 '회색 전문가the gray profession'라고 불리게 된
이유가 있었던 것이다.

표트르 팔친스키가 1911년 이탈리아 토리노에서 열린 광공업 박람회장에서 자신이 준비한 전시 앞에 서 있다. 갱도 입구 위에 러시아 광산 엔지니어의 상징이 보인다.

처형당한 엔지니어의 유령

표트르 팔친스키와 결혼할 무렵의 니나 알렉산드로브나 팔친스키, 1899년.

1909년 무렵의 표트르 팔친스키. 당시 그는 서유럽에 살면서 유럽의 항구들에 대한 네 권짜리 연구서를 집필하는 작업에 몰두하고 있었다. 사진 속 팔친스키의 책상 위에 항구와 선박 사진들이 붙어 있다.

처형당한 엔지니어의 유령

1916년 무렵의 표트르와 니나 팔친스키. 서유럽에서의 유배 생활을 마치고 러시아로 돌아온 직후의 모습이다.

세계 최대의 수력 발전소였던 대 드네프르 댐 건설 작업을 시작할 무렵의 드네프르 강.

대 드네프르 댐 건설 현장에서 '달팽이'라고 불리는 터빈 송수관을 조립하는 모습, 1932년.

처형당한 엔지니어의 유령

미 육군 공병대 출신의 휴 L. 쿠퍼 예비역 대령이 자신이 참여했던 대 드네프르 댐 앞에 서 있는 모습. 1930년.

1929년에 노동자들이 세계 최대 철강 공장이었던 마그니토고르스크 건설 현장에서 지반 작업을 하고 있다.

처형당한 엔지니어의 유령

마그니토고르스크의 어린 노동자. 1931년.

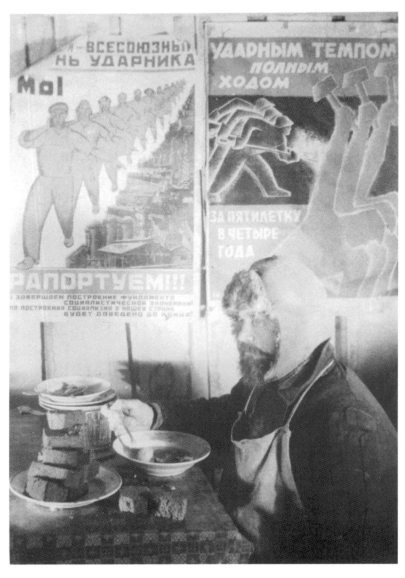

마그니토고르스크의 벽돌공. 1931년. 벽에 붙어 있는 포스터에는 "우리는 최선을 다해 5개년 계획을 4년만에 달성할 것이다"와 "우리는 사회주의 경제의 근간을 건설하고 있다! 조국의 사회주의 건설을 끝까지 완수할 것이다." 등의 표어가 보인다.

처형당한 엔지니어의 유령

마그니토고르크의 용광로를 건설하는 모습.

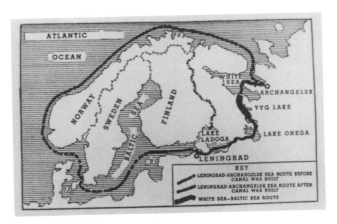

백해 운하는 레닌그라드에서 백해까지의 항로를 단축했다.

백해 운하 현장에서 일하고 있는 죄수들의 모습.

처형당한 엔지니어의 유령

백해 운하 건설의 기사장을 맡았던 N. I. 흐루스탈료프, 1932년.

처음으로 백해 운하를 지나는 증기선들, 1933년.

처형당한 엔지니어의 유령

세베로바이칼스크 부근을 지나는 바이칼-아무르 철도 건설 현장, 1979년.

보수 작업이 시작된 체르노빌 원자력 발전소의 항공 사진, 1986년 9월.

백해 운하가 백해로 진입하는 지점에 세워진 기념 조형물.

5장

최근의 엔지니어링 재난들

제1차 5개년계획의 산업화 프로젝트인 마그니토고르스크,
드네프르 댐, 백해 운하 프로젝트는 혁명 전에 교육을 받은 팔친
스키와 동료들이 옹호하던 건전하고 인간적인 엔지니어링 원칙
을 위배했다. 팔친스키는 거대 제철소와 수력 발전소 건설 계획에
참여하고, 동료들은 백해 운하 건설 과정에서 어쩔 수 없이 관리
자로 일했다. 이러한 프로젝트를 그들이 비판한 것은 직접 경험에
근거한 것이었다.

그로부터 수십 년 후, 상부로부터의 명령에 비판의 목소리를 낼
만한 구세대 엔지니어들은 모두 은퇴했다. 하지만 구세대 엔지니
어들이 한 이의 제기는 여전히 적실성이 있었다. 소련 산업화 지
도부는 열린 토의를 통해 다양한 대안을 검토하는 것을 허용하지
않았다. 소련이 붕괴하는 그 순간까지도 산업화 프로그램들은 비

용과 대안을 검토하지 않고 계획 목표를 채우기 위해 맹목적인 정책에 따라 진행되었다. 최근에 일어난 엔지니어링 실패 사례 세 건에서는 이러한 정책의 악영향이 잘 보인다. 1970~1980년대에 시베리아 대규모 철도 공사, 1986년 체르노빌 원자력 발전소 사건, 그리고 소련 말기 돈바스 광산업의 곤경이 그것들이다.

ㄴ 바이칼 – 아무르 철도

브레즈네프 시대에 추진한 가장 큰 규모의 건설 프로젝트는 대 바이칼 – 아무르 철도Baikal-Amur Railway, BAM 사업이었다. 이는 노보쿠즈네츠크Novokuznetsk에서 태평양까지 3,200킬로미터에 걸쳐 동남부 시베리아를 횡단하는 화물 및 승객용 철로였다. '세기의 프로젝트Project of the Century'라고 부르던 이 건설 사업에는 노동자 수십만 명이 투입되었는데 소련 신문, 영화, 라디오, 미술, 텔레비전, 심지어 소설과 시에 등장해 찬사를 받았다.

계획된 철도 노선은 산맥을 넘고 습지와 하천을 건너게 되어 있어 지구상에서 철도로 놓기에 가장 어려운 지형이라 할 만했다. 겨울철에는 온도가 낮아 장비가 작동하지 않았고 도구가 깨질 지경이었다. 프로젝트 구간 중에는 레나Lena강과 베르흐냐야 안가라 Upper Angara강을 건너는 것을 포함해 교량 총 150개, 27킬로미터에 달하는 철도 터널, 정류장과 측선 200여 개가 계획되었는데, 도시와 마을 20여 개를 지나도록 되어 있었다. 영어로 출간된 한 소련 책이 외국 독자들에게 설명했듯이, "바이칼－아무르 철도는 전 세계 철도 건설 역사에서 가장 어렵고 뛰어난 프로젝트"였다."[170]

바이칼－아무르 철도를 추진했던 사람들은 풍부한 시베리아 광물 자원을 이용하고 철로 위에 있는 도시를 활성화할 것이라고 주장했다. 특히 치타 지역의 우도칸Udokan에 매장된 구리에 접근할 수 있다는 점이 중요했다. 시베리아의 석유·석탄·목재를 태평양으로 운송해 수출하는 것 역시 핵심 목적이었다. 계획을 지지하는 자들은 '바이칼－아무르 철도를 따라' 대규모 금속 산업 단지를 포함한 '장대한 산업 벨트'를 건설할 수 있을 것이라고 이야기했다.[171] 프로젝트의 또 다른 중요한 목적은 중국의 위협을 받지 않는 철로를 건설하는 것이었다. 기존 시베리아 횡단 철로는 수천 킬로미터에 걸쳐 중소 국경 근처를 지나갔지만, 바이칼－아무르 철도는 북쪽의 안전한 지역을 통과할 것이었다.

브레즈네프는 1974년에 바이칼－아무르 철도 착공을 선언했다. 그리고 바이칼－아무르 철도를 드네프르 수력 발전소와 마그니토고르스크 철강 도시와 같은 '인민 노동의 성과'라는 전통의 연장선에 있다고 묘사했다.[172] 바이칼－아무르 철도가 그러한 전통을 이어받은 것은 사실이었으나, 현재 소련은 초기 5개년계획 시절과는 달라졌다는 것을 보여주는 사례이기도 했다. 브레즈네프 시대에 진행된 바이칼－아무르 철도 건설에는 죄수들의 강제 노역을 이용하지 않았다. 스탈린 시대였던 사업 초기에는 죄수들이 일부 구간에서 노역하기도 했다. 앞에서 살펴본 프로젝트들과는 달리 노동자의 생활 조건도 상당히 개선되었다. 그러나 오지에 있는 건설 현장에서는 삶이 여전히 혹독했다.

바이칼–아무르 철도 건설은 임금이 높은 데다 3년 동안 일하면 소형 승용차 지굴리Zhiguli를 준다는 약속에 이끌려 자발적으로 시베리아에 찾아온 노동자들이 진행했다. 공산주의청년동맹Young Communist League 콤소몰Komsomol은 바이칼–아무르 철도 건설 현장에서 몇 년 동안 일할 젊은이들을 소련 전역에서 모집하는 활동을 전개했다. 시인 유리 라주몹스키Iurii Razumovskii는 소련 청년들에게 이에 동참하라고 호소했다.[173]

오늘 여기에는 산밖에 없네

습지와 침엽수림도,

곰과 사향노루kabarga가

뛰노는 황무지.

하지만 곧 거대한 다리로

강을 건너고

숲속 정거장들은

영원히 자리를 지키겠지…….

우리는 즐거울 것이다, 친구여,

노래하고 춤추며,

우리가 바이칼호로부터

태평양까지 연결할 때.

바로 이 철로를 따라

드넓고 자유로운 강을 건너

우리는 특별 열차를 타고 달려가리

다음 세기로.

너는 허약하거나 노쇠하지 않았다.

청년들이여, 무엇을 기다리는가?

조국이 청년들을

세기의 프로젝트로 부르고 있다.

많은 청년들이 헌신과 열정의 정신으로 시베리아로 향했다. 일부는 높은 임금에 관심이 있고, 또 일부는 고향에서 적당한 직업을 찾지 못했기 때문이었다. 대개는 출신 민족에 따라 조직되었는데, 작업을 감독하던 공산당 활동가들은 작업 할당을 채우기 위해 민족 간 '사회주의적 경쟁'을 부추기기도 했다. 아르메니아인들은 우크라이나인들과 경쟁했고, 러시아인들은 우즈베크인들과, 조지아인들은 벨라루스인들과 경쟁하는 식이었다.

바이칼–아무르 철도 건설은 노동 독려 운동에 의존하는 오랜 소련 방식으로서의 마지막 사례였다. 팔친스키와 동료들이 그토록 중요하다고 여기던 기술과 사회의 복잡한 문제들에는 거의 신경쓰지 않았다. 바이칼–아무르 철도 프로젝트는 "최소한으로 노력해서 최대한으로 사회적 이득을 취한다"는 팔친스키의 모토에는 전혀 걸맞지 않았던 것이다. 이 프로젝트는 비용을 고려하지 않고 최대한 서둘러 끝내야만 하는 군사 작전처럼 조직되었다. 하지만 1930년대와는 달리 소련인들은 더 이상 이데올로기적 동원 방식을 용인하지 않았다. 노동자들이 그동안 여러 차례 같은 수법에 당해왔던 것이다.

1970~1980년대에 시베리아로 간 청년들은 초기 5개년계획 시기의 거창한 프로젝트들에 참여하던 선배들보다 훨씬 교육 수준이 높았고, 더욱 회의적이기도 했다. 이들 중 일부는 소련식 목표에 냉소적 태도를 보이기 시작했다. 이들은 1956년 공산당 대회 비밀 연설을 통해 흐루쇼프가 언급했던 피의 숙청을 어느 정도는 눈치채고 있었다. 이들은 소련 군대가 같은 해에 헝가리를, 그리고 1968년에 체코슬로바키아를 침공했다는 소식도 들었다. 몇몇은 1960~1970년대에 반체제 활동에 참여했거나, 참여했던 사람을 알고 있었다. 정치 지도자들은 여러 해 동안 풍요로움을 약속했지만 소련은 여전히 물자 부족에 시달리고 있어 일상생활을 영위하기에도 어려움이 많다는 것은 누구나 알고 있는 사실이었다.

이들 대부분은 각자 방식으로 소련에 충성했지만, 의구심을 갖기 시작한 사람들도 있었다. 그들은 집으로 돌아가 바이칼-아무르 철도 건설 현장에서의 낭비와 과잉, 그리고 끊임없는 노동 독려에 관해 이야기했다. 열정이 가득한 시만으로는 더 이상 새로운 세대의 소련 청년들을 끌어들일 수 없었다.

물론 바이칼-아무르 철도 건설에서는 백해 운하 건설에서와 같은 끔찍한 일들이 일어나지는 않았다. 하지만 1930년대 초 이래 소련에서 추진된 대규모 건설 프로젝트들은 계획이 없는 낭비라는 공통된 특징을 보였다. 철도를 놓겠다는 결정은 프로젝트 찬성파와 반대파가 근거를 가지고 서로를 설득하는 열린 과정을 통해 내려지지는 않았다. 그 결정은 공산당 지도자들과 극소수 기술 전문가들이 내렸는데, 이들은 경제적·환경적·사회적 비용과 상관없이 생산 설비를 증축해야 한다고 믿어 의심치 않았다. 심지어 1977년에 바이칼-아무르 철도 프로젝트 설계가 최종 승인되었을 때에는 이미 건설이 한창 진행되어 있을 정도로 서둘러 추진되었다.[174] 철도 노선의 여러 구간은 사전에 결정된 것이 아니라 건설이 진행되면서 정해졌다. 팔친스키와 뜻을 같이하는 엔지니어들이 이처럼 계획은 없고 성급한 진행 방식에 대해 뭐라고 말했을지 상상하는 것은 어렵지 않다.

일단 건설 결정이 내려지자, 프로젝트를 비판하는 목소리를 내는 사람은 회의론자, 게으름뱅이, 공산주의 건설에 신념이 부족한 사람으로 낙인찍혔다. 이러한 자는 1930년대처럼 감옥으로 보내지지는 않았지만, 정부 통제하에 놓여 있던 언론에 의견을 실을 수 없게 되었다. 소련 선전 기관들은 바이칼-아무르 철도가 전시戰時와 같은 열정·인내·참여를 요구하는 숨 막히는 도전이라는 칭송을 늘어놓았다. 하지만 이 전쟁의 적군은 바로 자연이었다. 겨울에는 얼어붙은 타이가taiga에, 여름에는 영구 동토층permafrost과

모기가 들끓는 습지에 대항해 싸워야 했다. 이러한 장애물을 넘어 성공하기 위해서는 강력한 의지가 필요했다. 불평분자가 설 자리는 없었다.

하지만 정부와 공산당의 찬사에도 바이칼-아무르 철도 프로젝트는 곧 일정에 뒤떨어졌을 뿐만 아니라 예상 비용을 넘어섰다. 당연하게도 관리자들은 공기를 단축하고 비용을 절감할 수 있는 방법을 강구했다. 한 가지 방법은 계획보다 경량 철로를 사용하는 것이었다. 1970년대 말과 1980년대 초에 몇몇 구간들에서는 무겁고 강도가 높은 R-65 철로 대신 가벼운 R-50 철로가 사용되었다.[175] 그 결과 철도가 완공되기 전에 이미 철도 사고 세 건이 발생했고, 특히 곡선 구간에서 철로가 손상되는 현상이 나타났다. 결국 경량 철로는 철거되었지만, 엔지니어들은 책임을 회피하기 위해 원래 설계대로 완성되었다고 보고했다. 당시 소련 프로젝트들이 대부분 그랬듯이 안전과 장기 예산보다 공사 기일과 단기 예산을 훨씬 중요하게 생각했다.

공기를 줄이고 비용을 절감하는 또 다른 방법은 공병 여단 소속 군인들을 이용하는 것이었다. 건설 현장에 군대를 투입하는 것은 소련에서 늘상 있는 일이었다. 군인들은 이그날리나Ignalina와 고리키Gorky(니즈니노브로고드의 전 이름) 원자력 발전소와 볼가 강을 따라 용수로 여러 개를 건설하는 일을 도왔다. 군인들은 모스크바 시내 건설 현장에서 쉽게 볼 수 있었다. 정부 장관이나 공산당 간부들은 프로젝트를 기한 내에 완성할 수 없을 것 같으면 국방부 장관에게 연락해 "군대를 보내주지 않으면 계획은 실패로 돌아갈 것이오."라고 호소했다.[176] 바이칼 – 아무르 철도 책임자들도 마찬가지였다. 그들이 군 당국의 도움을 요청하자, 군은 이를 받아들였다. 철도의 동쪽 구간 대부분은 군인들이 담당했는데, 이들은 나머지 구간에서도 굴착과 발파와 같은 어려운 작업 중 25퍼센트를 맡았다.[177]

이러한 작업을 군인들에게 맡겼던 것은 윤리적으로뿐만 아니라 경제적으로도 잘못된 것이었다. 이들은 죄수 노동자는 아닐지 모르지만, 상관의 명령에 따라 노동 현장으로 오게 된 강제 노동자였다. 그렇기 때문에 자원 노동자들이 하기 싫어하는 가장 불쾌한 작업을 전담하게 된 것도 당연한 일이었다. 더구나 징집된 사병이었기 때문에 봉급이 매우 낮았다. 월급마저 편안한 작업을 맡은 자원 노동자들보다 훨씬 적었다. 군인 노동자는 죄수 노동자의 후예였다. 브레즈네프 치하 소련은 스탈린 시대보다 확실히 덜 잔인했고, 군인 노동자는 죄수보다 훨씬 나은 대우를 받았다. 하지만 그들은 유사한 기능을 수행했다. 조용히 명령에 따르고, 공사 일정이 늦어질 때마다 현장에 투입되었다.

바이칼 – 아무르 철도 공사가 진행되는 동안 군인을 노동자로 활용하는 문제에 대해 그 누구도 지적하지 않았다. 하지만 고르바초프의 페레스트로이카perestroika 이후, 그리고 바이칼 – 아무르 철도 완공 이전, 소련 언론은 군인들이 얼마나 많이 투입되었는지 폭로하기 시작했다. 《프라우다》지의 어느 필자는 군인 동원의 윤리 문제를 비판하는 동시에 이것이 공사의 경제성 평가를 왜곡한다는 점을 지적했다.

> "군인들을 동원해 민간 경제를 건설하는 노동을 시키는 것은 그동안 언론에서 비판할 수 없는 신성불가침 영역sacred cow이었다. 하지만 군인들을 이용해 계획 할당량을 채우는 것은 공사 담당자들을 '타락corrupt'시킨다는 점을 생각해볼 필요가 있다. 인력이 공짜인 상황에서 그들의 욕구는 그들이 가진 자원의 제한을 더 이상 받지 않기 때문이다."[178]

군대 투입과 근시안적인 비용 절감 대책은 계획을 성공으로 이끌지 못했다. 바이칼-아무르 철도 완공은 원래 1983년으로 예정되어 있었는데, 이 목표는 점차 비현실적으로 보였다. 특히 어려운 구간은 지하로 15킬로미터를 파야 하는 부랴트 공화국Buriatia의 북부 무야Muia 터널이었다. 철도 노선이 설계되기 이전부터 부랴트 공화국의 지질학자와 엔지니어들은 이 지역에서 지진 활동이 강력하기 때문에 터널을 뚫는 것이 바람직하지 않다고 소련 정부에 경고했다.[179] 하지만 정부는 우회 노선으로 변경했을 경우 발생할 공기 지연을 이유로 전문가 의견을 무시한 채 터널 계획을 승인했다.

터널을 뚫는 일은 예상보다 훨씬 어려워 결국 우회 노선으로 계획을 변경할 수밖에 없었다. 관리직 엔지니어들은 1984년 이내에 바이칼-아무르 철도를 완공하고 상징적인 '황금 대못golden spike'을 박아야 한다는 상사의 압력에 못 이겨 28킬로미터에 달하는 우회 노선을 다급하게 설계했다. 여기에는 일반 화물 열차가 지나가기에는 경사가 너무 높은 구간이 포함되어 있었다. 어느 신문 기자는 이 구간을 방문한 후 "활강 스키slalom ski 정도는 되어야 통과할 수 있을 것"이라고 적었다.[180] 이런 문제들에도 바이칼-아무르 철도는 1984년에 공식적으로 완공되었다. 사실은 철도 전 구간에 걸쳐 일반 화물 열차가 지나갈 수 있게 된 것은 이로부터 5년 후의 일이었다. 문제는 여전히 남아 있었다. 취약한 터널을 돌아가는 두 번째 우회 노선으로는 제한된 열차들만 천천히 지나갈 수 있었다.

이와 같은 대규모 철도를 급박한 조건하에서 건설한 결과 시베리아 환경은 크게 타격을 입게 되었다.[181] 겨울이면 개울들이 바닥까지 얼고 흙도 지하 한두 자 정도 어는 상황에서 건설 노동자 무리 다수가 쏟아내는 생활 하수를 처리할 곳이 없었다. 건설 현장을 따라서 강과 개울은 기름, 쓰레기, 폐기된 장비들로 오염되었다. 겨울이면 중장비의 디젤 엔진을 꺼뜨리지 않기 위해 밤새 시동을 걸어두었는데, 이는 스모그를 광범위하게 일으켰다. 이 지역 툰드라 지대의 얇은 토양층은 파괴되어 이후 수십 년 동안이나 회복되지 않았다. 시베리아 원주민들은 지역의 사냥감을 잡아가고 토지와 물까지 오염시키며, 지굴리 승용차를 받을 자격을 얻자마자 집으로 돌아가버린 러시아인들에게 아주 질색했다.[182] 세계에서 가장 오래되고 깊은 호수인 바이칼호는 수많은 생물 종의 서식지였지만, 바이칼–아무르 철도의 주요 공급로가 된 이후 여름에는 운송 선박들이, 겨울에는 트럭들이 쉴 새 없이 지나다니게 되었다. 갓 활동을 시작한 소련 환경 운동가들은 바이칼호를 남용하는 것에 강력하게 항의했다.

1990년대 초 무렵이면 바이칼–아무르 철도는 정상적으로 운영되었다. 하지만 경제적 가치는 여전히 의문점으로 남아 있었다. 애초 계획에 따르면 수출용 석유를 운송했어야 하는데, 철도 인근 지역에서 석유를 시추하는 작업이 어려움에 봉착해 무기한 연기되면서 계획은 수포로 돌아갔다. 우도칸 지역의 구리 산업 개발 역시 잠정적으로 연기되었다. 소련의 경제 성장이 둔화되고 궁극적으로 소련이 해체되면서 이 지역에서 대규모로 광물을 채광하는 계획이 전면적으로 취소되었다. 바이칼–아무르 철도를 통해 운송된 중요한 화물은 통나무밖에 없었는데, 그나마도 다른 지역 통나무보다 비쌌다. 바이칼–아무르 철도를 옹호하는 사람들은 남부 야쿠트 공화국Yakutia으로부터 석탄 교역으로 수익을 낸다는 사례를 종종 지적한다. 하지만 이 석탄은 바이칼–아무르 철도가 아니라 옛 시베리아 횡단 철도와 연결된 지선支線을 통해 운송되는 것이다. 어느 러시아 경제학자는 1988년에 다음과 같이 주장했다.

"많은 돈을 들여 지은 새 철도에는 지금 당장 운송할 화물이 없다. BAM은 채산이 맞지 않는 사업이다. 향후 몇 년 동안 철도가 충분히 활용되지 못한다고 해서 꼭 필요한 유지·보수를 소홀히 하거나 인프라 건설을 연기해서는 안 될 것이다. 그렇게 된다면 이후 수십 년 동안 부정적인 결과로 이어질 것이다."[183]

ㄴ 체르노빌의 중요성

구소련이 편협한 테크노크라시 관점에서 벗어나기 시작한 것은 아마도 1986년 체르노빌 원자력 발전소의 재앙 이후부터일 것이다. 체르노빌 폭발 사고는 러시아 내외 수많은 연구에서 분석된 바 있다. 하지만 극소수 예외를 제외하면, 연구자들은 원자로 자체의 기술적 세부 사항, 관리 인력의 행동, 사고가 초래한 사회적·경제적 피해 등에만 초점을 맞춰왔다.

체르노빌이 작은 프로젝트보다는 거대 규모의 프로젝트를 강조하고 지역 조건에 민감한 계획 대신 중앙 집중식 계획을 선호하며 안전보다 결과물을, 인간보다 기술을 중요시하고 비판적 토론을 압살하는 닫힌 의사 결정 방식을 채택하는 데다 무엇보다도 미친

듯이 서두르는 소련 산업화 정책의 결과물이라는 것을 지적한 연구자는 거의 없었다.[184]

원자력 발전이 여타 소련 산업과 다른 점이 있었다면, 그것은 똑같은 정책의 결과가 유독 비극적이었다는 데 있었다. 전통적인 소련식 산업화의 틀 속에서 설계 건설되어 운영된 체르노빌은 재난으로 이어질 수밖에 없었다.

소련 지도자들은 소련이 세계 최고 강대국이 될 수 있도록 산업 분야를 모두 최대한으로 확장시키기 위해 노력했다. 원자력 발전도 예외가 아니었다. 제10차, 11차, 12차 5개년계획(1976~1990)은 원자력 발전의 극적 성장을 추구했다. 1980년 말까지 원자로 총 24기가 운용될 계획이었다. 이들 중 13기는 체르노빌에서 채용된 것과 같은 흑연감속형 원자로RBMKs였는데, 이는 고유한 불안정성 때문에 대부분의 나라에서 퇴짜를 맞은 모델이었다. 10기는 보다 안전하다고 알려진 가압수형 경수로VVERs였다. 나머지 1기는 빌리비노Bilibino 발전소의 고속 증식로였다.

1980년 이후에는 계속해서 새로운 원자로가 가동되었다. 1986년부터 1990년 사이에 소련의 원자력 발전은 250퍼센트 증가하여 6만 9,000메가와트에 달할 것으로 계획되었다.[185] 사고가 발생한 1986년에 소련은 43기의 원자로가 가동 중이었고, 36기가 건설 중이었으며, 34기가 계획 단계에 있었다.[186]

소련은 체르노빌 사건 이전부터 이미 노후한 흑연감속형 원자로를 서서히 새로운 모델로 교체해 나가기로 결정했다. 하지만 체르노빌 사건이 발생하고 7년이 지난 1992~1993년 겨울까지도 구소련 영토 내에 체르노빌식 흑연감속형 원자로가 15기나 운용 중이었다. 원자력 관련 고위 관료들은 심각한 전력 부족 때문에 흑연감속형 원자로를 지속적으로 운용할 수밖에 없다고 발표했다.[187]

원자력 발전소와 관련한 소련 정책은 한 곳에 6기까지 고용량(대개 1,000메가와트 정도) 원자로를 배치해 중앙 집중식으로 막대한 전력을 생산하는 것이었다. 1986년 체르노빌에는 이미 1,000메가와트 원자로 4기가 가동되고 있었고, 2기가 건설되고 있었다. 그보다 고용량인 2,400메가와트 흑연감속형 모델 원자로를 추가로 건설하는 계획도 논의 중이었다.[188]

원자로를 빠른 속도로 건설하기 위해 소련은 볼가돈스크Volgadonsk에 아톰마시Atommash 원자로 조립 공장을 설립했다. 소련 원자력 발전을 연구하는 미국인 학자 폴 조지프슨Paul Josephson은 "전력전기부의 계획과 표준화는 어떤 불도저와 트럭을 이용해 부지를 준비하고, 냉각탑을 어떻게 만들고, 어떤 크레인을 이용해 표준 원자로를 만들지에 대한 내용이 포함된 매뉴얼을 출간할 수 있을 정도였다"라고 평가했다.[189] 이러한 표준화 정책은 지하수위, 인구 밀도, 토양과 암반층 종류, 지진 활동 등 부지 선정과 건설 방법에 영향을 미치는 부지 각각의 독특한 특성들을 무시했다.

체르노빌 이전에 소련 대중 매체에서 원자력 발전을 비판하는 것은 엄격하게 금지되어 있었다. 유명한 잡지 《콤뮤니스트 Kommunist》에 물리학자와 경제학자가 1979년에 공동으로 집필한 논문이 잘 알려진 예외였다. 그들은 소련 원자력 발전소 부지를 선정하는 정책에 의문을 제기하면서, 앞으로는 발전소를 대도시에서 멀리 떨어진 외딴 지역에 짓는 편이 좋을 것이라고 주장했다.[190] 하지만 원자력 발전 확대에는 지지하는 입장이었다. 안전에 대한 그들의 우려에 곧 소련 언론은 반박했다. 과학, 엔지니어링, 경영학계 엘리트들은 경제 성장을 위해 원자력 발전이 얼마나 중요한지를 강조하고 안전 문제를 일축하는 글을 끊임없이 발표했다. 1980년에 학술원 회원 M. A. 스티리코비치Styrikovich는 소련의 한 대중 잡지에 "원자력 발전소들은 온종일 빛나는 별들과 같다! 우리는 방방곡곡에 이들을 세울 것이다. 그것들은 완전히 안전하다!"라고 썼다.[191]

1986년 4월 26일에 체르노빌 원자로 4호기를 폭발에 이르게 한 직접적 원인들은 소련 산업 정책의 일반 특징들과 직접적으로 연결되어 있다. 체르노빌 사고는 원자로가 적절하게 차폐되어 있지 않고, 통제하기 어려운 노후한 원자로를 계속해서 사용했으며, 감독 인력이 받은 교육 수준이 낮았던 데다 안전 불감증이 광범위했기 때문에 발생했다. 사고는 점검을 위해 정지되던 동안에 추가 전력을 짜낼 수 있을지를 실험하는 와중에 발생했다. 즉 전력 생산을 높이려는 압력 역시 재난이 발생하게 된 중요한 원인 중 하나였다.

이렇게 본다면 체르노빌 폭발은 단순한 사고가 아니라 일련의 정책 결정 결과로 보는 것이 보다 적절할 것이다. 원자력 발전은 어느 나라에서건 근본적으로 위험한 기술이다. 원자력 사고가 구소련에서만 있었던 것은 아니며, 다른 나라들도 어느 정도는 위험을 감수한다. 하지만 원자력 발전과 관련한 소련의 정책은 위험한 산업을 무시무시한 산업으로 만들었다. 구소련 원자력 발전소들의 위험성은 1992년 3월에 더욱 명백하게 드러났다. 상트페테르부르크 인근 체르노빌식 흑연감속형 원자로에서 방사능 가스가 누출되었던 것이다. 수많은 서유럽인들은 이 종류의 원자로를 모두 폐쇄하라고 요구했다. 독일 환경부 장관 클라우스 퇴퍼Klaus Töpfer는 "우리는 흑연감속형 원자로를 현재 안전 기준에 적합하도록 개량하는 것은 불가능하기 때문에 이들을 최대한 빨리 폐쇄해야 한다고 믿는다"라고 말했다.[192]

체르노빌에서 재앙이 발생한 이후 핵 잠수함, 운송(선박 및 철도 사고), 환경 재난 등 상대적으로 규모는 작지만 중요한 기술적 실패가 줄을 이었다. 엔지니어가 아니라 변호사 출신인 고르바초프는 그 원인으로 '인간 요소'를 들었다. 오래전에 팔친스키가 사용한 용어와 같았다. 고르바초프는 기술에 새롭게 접근하는 것이 필요하다고 주장했다. 경제학, 안전, 노동 조건, 환경 위험, 심리, 사회 요소들을 고려한 경영 등 사회적 맥락에 보다 큰 관심을 기울여야 한다는 것이었다. 고르바초프가 경제학자, 사회학자, 심지어 역사학자들에게 자문을 구하는 빈도가 높아지면서, 엔지니어는 점차 소외되었다.[193] 협소한 기술 교육과 사회적 사안을 무시한 후에 나타나는 결과를 경고하던 표트르 팔친스키의 유령이 돌아와 소련을 괴롭혔던 것이다.

ㄴ 돈바스 다시 보기

1989년 7월에 시베리아 광부들은 소련 역사상 최초로 대규모 파업에 돌입했는데, 이는 돈바스 광부들의 파업으로 이어져 광부들이 25만 명 이상 작업장을 떠났다. 이 파업은 소련 노동사의 분수령이었다. 글라스노스트의 새로운 조건하에서 광부들의 고충이 공개되어, 사회과학자들이 돈바스 광부들의 노동 및 생활 조건을 연구할 수 있게 되었다.

팔친스키는 이러한 연구들을 예견한 듯했다. 1989년 파업의 중심은 팔친스키가 거의 90년 전에 살펴보던 바로 그 광산 지대였다. 1980년대 후반 돈바스 지역에 위치한 광산 121개 중에서 36개는 70년 이상 이용되었는데, 무려 100년이 넘은 곳도 몇 군데 있었다.[194] 20세기 초 돈바스 광산의 조건 때문에 팔친스키가 급진적으로 변했고, 사회적·경제적 개혁을 부르짖는 젊은 엔지니어가 되었다.

그가 죽고 나서 60년이 되던 해에 수행된 연구에 따르면 돈바스 광부들은 예전보다 훨씬 높은 수준으로 교육받고 보다 나은 주택을 제공받았지만, 여전히 생필품 부족에 시달리며 끔찍하고 비참한 조건하에서 일하고 생활했다.

2차 세계대전 이후 돈바스 지역에서 가장 풍부한 광맥이 소진되어 광산 관리자들은 더욱 깊이 채굴할 것을 지시할 수밖에 없었다. 1985년 무렵에 한 광산은 1,320미터 깊이에 도달하기까지 했다. 돈바스의 지질 조건하에서 이 정도 깊이로 들어가면 메탄가스 축적에 따른 폭발 위험성이 높아진다.

1976년에 이미 미국과 소련의 과학 교류 사업 중 일환으로 메탄가스 폭발을 공동으로 연구하기 시작했다. 이는 소련에서 뿐만 아니라 미국 광산에서도 문제거리였다.[195] 미소 양측은 이러한 폭발을 방지하기 위한 방법과 관련한 귀중한 정보를 교환할 수 있었다. 예를 들어, 가스 분출 예측, 폭발하기 쉬운 석탄층 가스 제거, 가스 센서와 경보 시스템 설치, 갱도 내 적절한 환기 및 온도 관리 시스템 제공, 광산 전체에 확성기 경보 시스템을 비롯한 통신망 확충, 비상 탈출을 위한 절차 계획 수립 등의 일이었다.

하지만 1976년에 소련 측은 이러한 폭발 사고 결과 매년 발생하는 평균 사망자 수 통계를 공개하지 않았다. 1970년대 중반 미국에서 광산 사고로 말미암은 사망자 수는 매년 약 140명이었는데,

이들 중 열 명 이하가 가스 폭발 때문에 사망한 것이었다.[196] 1989년 파업 이후 소련 광산의 환기 장비가 설치되어 있지 않거나 미덥지 않다는 사실이 밝혀졌다. 통신 설비 역시 마찬가지였다.

우리는 여전히 돈바스 광산에서 죽거나 다친 사람들과 관련해서 믿을 만한 통계를 가지고 있지 않다. 이 지역에서 구소련 석탄 생산량 중 3분의 1이 나오는데도 말이다. 하지만 1989년 파업 이후 우리는 1989년 7월에 가스 폭발을 포함한 모든 요인들 탓에 광부 44명이, 8월에 67명이, 1989년 첫 여덟 달 동안에는 총 431명이 사망했다는 사실을 알게 되었다. 돈바스 지역의 파업 지도자 A. S. 두보비크Dubovik는 석탄 100만 톤이 채굴될 때마다 서너 명이 목숨을 잃었다고 주장했다. 미국에서는 100만 톤 당 약 0.2명이 생명을 잃었다.[197]

이론적으로 소련 광부는 다른 노동자에 비해, 심지어 서구 국가 노동자에 비해서도 많은 혜택을 받고 있었다. 소련 정부에 의하면, 1980년대에 돈바스 광부들은 매달 임금으로 평균 350에서 400루블을 받았다. 당시 소련 산업 노동자 평균 임금보다 두 배에 가까운 금액이었다.[198] 돈바스 광부는 주 5일, 매주 30시간 일하고, 50세가 되면 은퇴할 수 있는 자격이 주어졌다. 또한 평생 동안 무료 의료 혜택을 받고, 매달 퇴직 연금으로 최대 170루블을 받았다.[199] 하지만 1980년대 돈바스 지역 노동자들은 생산량을 늘리라는 압박에 시달리고, 평균적으로 매주 30시간보다 훨씬 많이 일할 수밖에 없었다. 석탄 매장 지대까지 수직 통로로 이동하는 시간은 편도 한 시간 정도였는데, 이는 노동 시간에 포함되지 않았다. 원래 토요일은 휴일이었지만, 곧 정상 근무일이 되었고 점차 일요일에도 일하게 되었다. 추가 노동 시간에는 초과 근무 수당이 아니라 표준 수당이 지급되었다.[200]

광부와 그들의 가족은 적절한 식량과 필수품을 구하는 데 많은 어려움을 겪었다. 육류, 과일, 채소는 고질적으로 부족했다. 광부들에게 가장 짜증나는 일은 비누가 없어서 일이 끝난 후에 제대로 씻지 못하는 것이었다. 제정 시대에도 들어보지 못한 굴욕스러운 박탈감이었다. 1989년 파업에서 돈바스 광부들이 요구했던 주요 사항 중에는 비누를 충분히 공급해달라는 것도 있었다.

파업 이후에 우크라이나 학술원Ukrainian Academy of Sciences 사회 학자들은 216명(노동자 199명과 엔지니어 17명)에게 파업을 한 주요 이유를 물었다. 이 설문 조사 결과는 그리 꼼꼼하게 정리되지 않았지만, 이들이 무엇에 불만이 있었는지는 대략 알 수 있게 해준다. 이 설문 조사는 복수 응답이 가능했다.

- 기본 생필품 부족 86%

- 낮은 임금 79%

- 휴가 부족 62%

- 부적절한 연금 56%

- 고물가
- 만족스럽지 못한 주거 조건
- 경영진과 나쁜 관계 39~41%
- 형편없는 노동조건 33%
- 사회 정의의 부재 32%
- 빈약한 의료 서비스 25% [201]

외부인이 보기에 가장 놀라운 것은 광부들이 사는 주택 사정이었다. 노동자 거주지는 팔친스키가 오래전 돈바스 판자촌을 점검했을 때와 비교해보면 분명히 나아진 것은 사실이지만, 거의 100년 동안의 변화라고 하기에는 차이가 미미했다. 어느 광부는 1989년 파업 이후에 "많은 광부들이 지금 사는 집에서 영화를 촬영하면, 1905년대 모습이라고 생각할 것이다"라고 말했다.[202] 파업 직후에 발간된 정부 보고서에 따르면, 1989년 초에 광부 주택 가운데 63퍼센트는 뜨거운 물이, 20퍼센트는 차가운 물조차 나오지 않았고 심지어 26퍼센트는 하수도와 연결되어 있지 않았다. 광부들 가운데 약 17퍼센트는 주택이나 아파트가 없이 친구 집에 얹혀살거나 여전히 판잣집에서 지냈다.[203]

1989년 파업 이후 돈바스 광부들을 인터뷰한 저널리스트들은 그들의 괴로움이 오래전부터 지속되어온 것이라는 이야기를 들었다. 광부들은 혁명 직후 1920년대 초에 세계 어느 지역의 노동자보다 잘살게 되는 새로운 시대가 올 것이라고 약속받았다. 그러한 약속이 정말 이루어질 수 있을 것 같은 시기는 1920년대 말 공포와 탄압으로 끝났다. 전국 노동조합 대표이던 M. P. 톰스키Tomsky는 1928년에 자리에서 밀려났다. 엔지니어 중에서 사회 문제와 노동자 조건에 가장 거침없이 발언하던 팔친스키가 같은 해에 체포된 것도 우연이 아니었다. 광부들은 그때부터 "노동자의 이해관계가 무시되기 시작했다"고 전했다.[204] 탄광 노동자들은 흐루쇼프 치하에서 정치 상황이 잠시 이완되었을 때 파업을 단행했지만, 그들의 봉기는 군대가 잔인하게 짓밟았다. 고르바초프 개혁 시대가 시작되기 전까지 그들은 자신의 생활 및 노동 조건을 개선하기 위해 파업을 벌일 용기를 내지 못했다.

파업이 시작되자 고르바초프는 곧 텔레비전에 나와 광부들의 고충을 대부분 인정했다. 이후 정부는 파업 위원회 지도부와 만나 그들이 제시한 요구 사항 25개를 들어주겠다고 약속했다. 개혁 조치에는 임금 및 연금 인상, 일요일 휴무 보장, 매달 노동자 1인당 비누 800그램 제공, 식량 및 생필품 보급량 인상, 치안 개선, 아파트 입주 보장 등이 포함되어 있었다. 하지만 얼마 되지 않아 약속은 많이 파기되었다. 인상된 임금과 연금은 곧 인플레이션에 따라잡혔다. 노동자들은 계속해서 소요를 일으켰다. 그럼에도 1989년 파업은 소련 역사상 최초의 대규모 파업이라는 점에서 의미 있는 사건이었다.

1926년에 팔친스키는 어느 에세이에 소련의 8,000만 노동자들은 "이 나라의 엄청난 자연 자원보다 훨씬 중요한 생산력이지만 제대로 이용하지 못하고 있다"라고 썼다.[205] 또한 러시아가 풍부한 자연 자원을 현명하게 이용함과 동시에 노동자들을 잘 돌보지 않는다면 강대국이 될 수 없을 뿐더러 인간적 문명국으로 나아갈 수 없을 것이라고 믿었다. 1989년 광부 파업 훨씬 이전에 소련은 군사 강대국이 되었고, 세계에서 손꼽히는 중공업을 보유하고 있었다. 하지만 인민의 지지를 잃은 산업화 승리는 허망한 것이었다.

에필로그

표트르 팔친스키의 유령

1992년에 극작가이자 독립 체코슬로바키아 대통령 바츨라프 하벨Vaclav Havel은 공산주의의 패망은 한 시대의 종언이며, 과학적 객관성을 바탕으로 한 사상의 죽음이라고 썼다. 그는 마르크스주의가 '오만한 절대 이성'을 추구했는데, 그것이 실패했다는 것은 더 이상 객관성에 의지할 수 없으며 '이 세상의 주관성과 주요하게 연결되는 고리로서 자신만의 주관성을 믿을 수밖에 없다'는 것을 의미한다고 믿었다.[206]

팔친스키는 이 말에 대해 무엇이라고 할까? 그는 하벨만큼이나 결연하게 인간적 사회를 향한 목표를 옹호할 것이다. 하지만 소련식 마르크스주의가 과학적 합리성과 객관성의 절정이라고 평가한 것에는 눈물이 날 정도로 웃음을 터뜨릴 것이다. 백해 운하를 잘

못된 장소에, 가장 원시적 방법으로, 죄수 수십만 명의 목숨을 희생해가면서 지었던 것이 과연 합리성인가? 마그니토고르스크, 드네프르 댐, 바이칼–아무르 철도를 건설하면서 최고 기술 전문가들의 의견을 무시했던 것을 객관성의 승리라고 할 수 있는가?

소련은 세계에서 가장 많이 엔지니어를 양성했고, 이들은 나중에 관료 사회를 장악하게 되었다. 이들이 현대 경제학과 정치학에 무지하다시피 했던 것이 과학의 성과인가? 기술적으로 불가능하고 인간 생명을 경시하는 방식으로 산업 확대를 요구하던 스탈린 입장이 더러운 주관성이 아니면 무엇이란 말인가? 게다가 스탈린이 죽고 1980년대에 이르기까지 소련이 효율성 없는 국영 농장과 거대한 국영 공장을 유지했던 것이 보다 효율적이고 보다 정의로운 경제 구조와 관련해서 산더미처럼 쌓여 있는 경험 데이터를 무시하는 의도적 독단이 아니면 도대체 무엇인가?

팔친스키는 소련 공산주의의 비합리적 특성들이 하벨 시대에 처음 나타난 것이 아니라, 1920년대에 이미 여러 사람들이 지적했다고 말할 것이다. 그들의 비판은 과학적 합리성과 사회 정의라는 이름으로 이루어졌고, 팔친스키는 이 두 원칙을 하나로 통합할 수 있게 되기를 바랐다. 소련 초기 산업화 정책과 관련한 그의 비판은 나중에 소련이 왜 현대화를 향한 동력을 잃게 되었는지를 이해할 수 있게 해준다.

소련 역사 초기에 이루어진 산업화 프로젝트들은 제정 시대의 해악과 탄압에 익숙해진 노동자들에게 새로운 공산주의 정부가 가져다준 사회적 에너지로 추동되었다. 공산주의자들은 노동자들에게 새로운 소련 사회가 초기에는 어려움이 있을지 모르겠지만 결국 풍요롭고 인간적일 것이라는 약속 어음을 끊어주었다. 이 어음의 유효 기간은 한 세대 정도였다. 드네프르 댐과 마그니토고르스크 등 초기 5개년계획의 산업화 프로젝트들의 끔찍한 조건하에서 고투했던 수많은 노동자는 미래가 물질적·정신적으로 풍요로운 삶을 가져다줄 것이라는 믿음을 어떻게든 유지했다.

1930년대 후반 들어 탄압과 폭력을 사용한 숙청, 그리고 약속 파기 등으로 말미암아 의구심이 자라나기 시작했다. 하지만 2차 세계대전으로 정부는 위기에서 빠져나왔다. 민족주의 감정은 산업 성공 및 군사를 동원하는 연료가 되어, 국가와 시민은 당연하게도 자부심을 느끼게 되었다. 그러나 나치 독일은 소련에 심각한 피해를 입혀, 이로부터 회복하는 데 여러 해가 걸렸다. 소련 정부와 공산당은 종전 직후 소련이 얼마나 파괴되었는지를 강조함으로써 지속적인 궁핍을 정당화했다. 소련 시민 상당수는 이러한 주장을 받아들였다. 참화를 몸소 겪은 이들은 전쟁 중에 얼마나 힘들었는지를 알고 있었던 것이다.

1960년대 말~1970년대 초가 되면 사회주의 유토피아가 도래하리라는 이데올로기적 약속, 또는 전시 파괴 유산은 더 이상 현재 고통을 정당화하는 기제로 이용될 수 없었다. 거대한 바이칼–

아무르 철도를 건설하기 위해 청년 노동자들의 참여를 독려하던 브레즈네프는 더 이상 새로운 사회를 향한 열정에 호소할 수 없었다. 소련 노동자들은 공산주의 건설 때문에 서로를 독려하는 방식을 이제 받아들이지 않았다. 그 대신 소련 정부는 노동자들을 시베리아로 끌어들이기 위해 높은 임금과 지굴리 승용차를 약속했다. 1970년대에 소련 체제가 제공할 수 있던 물질적 보상은 한때 꿈꾸던 사회주의 사회 건설에는 훨씬 미치지 못하는 것이었다.

소련 시민들이, 조국이 산업 강대국이 되었지만 자신들의 생활은 여전히 제3세계 국가와 비슷한 수준에 머물러 있다는 것을 알게 되자 믿음이 붕괴되는 일은 더욱 가속화되었다. 1970년대 소련은 철강, 납, 석면, 석유, 시멘트를 비롯해 여타 기초 산업 제품을 세계 최대로 생산했다. 하지만 산출량을 맹목적으로 추구한 것이 인간 및 환경에게 끼친 악영향은 위험 수위에 달했다. 정치 지도자들이 중공업과 군대를 위한 철강 생산을 늘려야 한다고 고집했기 때문에 식료품과 소비재를 구하기는 점점 어려워졌다. 소련의 평균 수명은 세계 32위까지 곤두박질쳤는데, 영아 사망률은 세계 50위까지 치솟아 모리셔스Maritius나 바베이도스Barbados보다 못하게 되었다.[207] 마그니토고르스크 같은 산업 도시와 중앙아시아처럼 관개가 필요한 지역에서 환경은 재앙 수준에 이르렀다.

노동자들은 자신의 욕구가 무시되자 무관심에 빠져들었다. 소련 체제가 언젠가 약속을 지킬 것이라는 순진한 희망이 빛이 바래

기까지는 시간이 많이 걸렸지만, 결국에는 완전히 사라져버리고 말았다. 소련이 해체되기까지 마지막 몇 년 동안에 공산주의 혜택을 받았을 것으로 생각되는 프롤레타리아트 계급의 태도는 "우리는 일하는 척하고, 그들은 월급을 주는 척한다"라는 냉소적인 말에 잘 나타나 있었다. 체제가 붕괴하기 직전에 이 문장은 "그들은 통치하는 척하고, 우리는 복종하는 척한다"로 바뀌었다.

이러한 배경 속에서 엔지니어 또는 경영자는 '인간 요소'를 가장 중요하게 생각해야 한다는 팔친스키의 조언은 앞을 내다보는 것이었다. 소련 체제가 그토록 쉽게 붕괴해버린 가장 주요한 원인은 인간을 완전히 무시했기 때문이었다. 소련이 해체되는 마지막 순간에 체제를 옹호하는 사람은 아무도 없었다.

기술과 사회 관계에 대한 팔친스키의 비전 중에서 특히 주목할 만한 측면은 윤리적 민감성이었다. 이는 당시에 유행하던 테크노크라트 교리와 비교해보았을 때 더욱 빛을 발한다. 미국 엔지니어와 그 추종자들이 '테일러주의'와 '포드주의'가 가져다줄 생산성 향상을 칭송하고 있을 때, 팔친스키는 이러한 방식이 노동자들에게 어떤 영향을 미칠 것인지를 물었다. 그는 노동자의 복지를 가장 중요하게 생각했고, 효율성 또는 생산성만이 유일한 산업 목표가 될 수 없다고 주장했다. 또한 정의와 효율성이 서로 상반되는 개념이 아니라 동시에 추구할 수 있는 가치라고 생각했다. 이러한 관점은 노동 환경을 인간화함으로써 작업 현장에서 생산성을 높이려고 노력하는 최근의 산업 경영자들과 유사하다. 팔친스키는 의심의 여지 없는 테크노크라트였고, 테크노크라트로서 결점도 많이 가지고 있었다. 하지만 그는 누구보다도 사회적으로 깨인 테크노크라트였다. 엔지니어링 교육을 받은 사람 중에 그만큼 이해의 폭이 넓은 이도 찾아보기 어려웠다.

기술과 사회 사이의 합리적이고 정의로운 관계를 추구하는 팔친스키의 비전은 이후 소련 사회를 장악했던 소련식 마르크스주의 신조는 물론이고, 서구식 엔지니어링 방법보다 우월했다. 하지만 토지와 공장을 정부가 소유하는 편이 낫다는 비전은 오늘날 설득력을 갖기 힘들다. 우리는 경제권을 국가 권력의 손아귀에 집중시키는 것이 위험하고 비효율적이라는 것을 배웠다. 팔친스키는 자본주의자와 기업가가 없는 사회주의 사회에서 엔지니어들이 경제를 운영하게 되기를 원했는데, 이는 정치 지도자, 경영자, 노동자, 행정가들의 다양한 재능과 감수성을 무시하는 것이었다. 팔친스키는 엔지니어를 선호함으로써 하벨이 지적했던 결함을 보였다. 물론 하벨 역시 그 궁극적인 책임을 과학적 사고 자체로 돌리는 오류를 저질렀다.

러시아 혁명이라는 특수한 상황이 있기는 했지만, 엔지니어를 우위에 두는 사고방식은 1920년대 러시아에서 독특하게 나타난 현상은 아니었다. 그것은 어느 미국 사학자가 '엔지니어의 반란the revolt of the engineers'이라고 불렀던 광범위한 운동 가운데 일부였다.[208] 미국, 독일, 프랑스, 영국 등지에서 엔지니어링 전문가들은 유사한 생각을 표출했다. 이 운동은 1928년에 광산 엔지니어 출신 후버가 미국 대통령에 선출되었을 때 절정에 달했을지도 모른다. 불과 몇 년 만에 이 운동은 자연스럽게 쇠락하고, 엔지니어들은 대기업이나 정부 기관에서 고용인이나 컨설턴트라는 전통적 역할로 돌아가거나, 예외적으로 기업가가 되어 스스로 자본가가 되었다.

팔친스키는 엔지니어링 원칙과 윤리 기준을 위배하는 성급한 산업화 프로젝트들이 가져올 피해를 정확하게 예측했다. 그가 소련의 산업화에 제기했던 문제들은 구소련을 지속적으로 괴롭힌 데다, 많은 사람들이 위대한 성취라고 평가하는 결과물들에 의혹을 제기했다. 효율성과 정의가 항상 같이 가야 한다는 그의 믿음은 산업 문명 전체에 남겨진 숙제였다. 마그니토고르스크의 철강 도시와 실패한 사회주의 정원뿐만 아니라, 이들이 모델로 삼던 미국 인디애나주 개리 역시 빈곤·실업·마약 중독·도시 황폐 따위의 문제들이 산재해 있었다.

어떤 사람들은 팔친스키의 혜안에 감탄하며 그를 선지자라고 부르고 싶어 할지도 모르겠다. 나는 그를 유령이라고 부르고 싶다. 밝혀야 할 진실이라는 것이 애초에 존재했는지 확신할 수 없기 때문이다. 이 유령은 1차적으로는 비효율적이고, 오염되었으며, 비인간적인 구소련 산업 도시들을 괴롭히고 있다. 이는 팔친스키가 원래 조국의 산업을 향해 비판하는 칼날을 겨눴기 때문이다.

하지만 다른 나라 산업 지대 역시 팔친스키의 유령으로부터 자유로울 수 없다.

　팔친스키와 동료들은 계산기나 계산자를 잘 다루는 것만큼이나 경제·사회 문제들에 깊이 있는 이해를 갖춘 교양 있는 전문가, 또는 인간적 엔지니어의 비전을 어떻게 만들게 되었을까? 서구 사회 엔지니어로부터 배운 것은 아니다. 마르크스주의 역시 기여한 바가 없다. 이들의 생각은 오직 자신들의 경험으로부터 나온 것이다. 이들 중 대부분은 차르 체제에 반대했고, 일부는 팔친스키처럼 급진주의 정치 운동에 참여했다. 그들은 노동자의 욕구에 무관심했고, 다원주의 사회를 만드는 것을 거부했으며, 경제 개발이 민주주의 정부를 향한 압력으로 이어질 것을 두려워했다는 이유로 차르 정부를 비판했다. 그들 중 일부는 1917년 러시아 혁명 훨씬 이전부터 정치 입장 때문에 투옥되기도 했다. 이러한 경험 결과 그들은 소련 체제가 수립되기 이전부터 엔지니어링 문제가 사회·정치 문제와 긴밀하게 연결되어 있다고 보기 시작했다. 이러한 생각은 그들의 삶의 경로를 생각해보았을 때 너무나 당연한 것이었다. 팔친스키는 20세기 초 돈바스 광부들을 연구하며 이를 피부로 느꼈다.

　팔친스키가 다른 분야 전문가가 아니라 광산 엔지니어였다는 사실은 아마도 우연이 아닐 것이다. 광산 엔지니어들은 사람이 거의 살지 않는 오지에서 일하는 것에 익숙할 뿐만 아니라 광산을 계획하는 것을 넘어 운영까지 일상적으로 담당하게 되는 경우가 많다. 그들은 자신들이 맞닥뜨리는 문제들이 기술 문제인 동시에 사회 문제라는 것을 알고 있다. 사택, 학교, 병원, 교통 체계, 여가 시설 등을 포함해 공동체를 구성하지 않으면 광물을 효과적으로 캐낼 수 없는 것이다.[209]

볼셰비키 혁명 이후 팔친스키와 동료들은 사회 문제에 관심을 가진 엔지니어라는 개념에 충실했다. 그들은 엔지니어가 기술 자문을 넘어 사회 계획가로 활동할 수 있을 새로운 가능성을 보았다. 사회주의하에서 자신들이 계획하게 될 산업 공동체들은 자본주의하에서 세워진 공장이나 광산들에 비해 압도적으로 우월할 것이었다.

사회 계획의 중심에 서겠다는 이들 엔지니어들의 야망은 권력을 자신의 손에 집중시키겠다는 스탈린의 야심과 정면으로 충돌했다. 스탈린은 영향력을 키워보려던 엔지니어들에게 반역죄를 뒤집어씌웠다. 엔지니어링 분야 지도자들과 전문 학회들에게 스탈린 비밀경찰이 펼치는 공세가 강력한 탓에, 엔지니어들은 소련이 해체될 때까지 정치적 목소리를 내지 못하고 침묵할 수밖에 없었다.

1930년대를 기점으로 소련은 세계 어느 나라보다도 엔지니어를 많이 양성했다. 하지만 새로운 세대의 엔지니어들은 정치나 사회 문제에 관심을 가져서는 안 된다는 교훈을 이미 체득하고 있었다.

설령 관심을 가지더라도, 그러한 문제를 해결할 능력이 없을 만큼만 협소하게 교육받았다. 그러다가 흐루쇼프와 브레즈네프 치하에서는 소련 정부와 공산당에서 영향력 있는 위치로 올라섰다. 하지만 팔친스키는 소련 사회에서 고위직을 장악하게 된 엔지니어들에게 크게 실망했을 것이다.

　팔친스키 이야기에서 가장 큰 역설은 궁극적으로 그 역시 자신의 가르침을 따르지 못했다는 데 있다. 팔친스키는 항상 엔지니어가 사회적·정치적 맥락을 염두에 두고 엔지니어링 문제를 바라보아야 한다고 주장했다. 1920년대 말이 되자 소비에트 러시아의 정치적 맥락은 그가 정책을 제언하는 것이 비현실적이고 심지어 위험하기까지 한 상황으로 급격하게 바뀌고 있었다. 하지만 그는 정치적 상황이 전혀 바뀌지 않은 것처럼 자기 주장을 굽히지 않았다. 엔지니어링이 독립적이고 영향력 있는 전문 분야가 되어야 한다는 주장은 스탈린 통제하에 놓인 소련에서는 성공할 가능성이 전혀 없었다. 그의 무모함은 존경스러운 것이었지만 멍청한 것이기도 했다.

　결국 팔친스키는 자신이 평생에 걸쳐 주장했듯이 사회적·정치적 맥락 속에서 엔지니어링 문제를 해결하지 못했다. 팔친스키가 죽은 이유는 아마도 이러한 고집스러움 때문이었을 것이다. 산업당 사건으로 음모 및 반역 혐의를 받은 후, 오직 그만이 재판정으로 보내지는 대신 비밀리에 처형되었다. 다른 엔지니어들은 재판정에서 자신들이 자본주의 열강의 간첩이었고 소련을 전복하기 위한 음모를 꾸몄다고 공개적으로 자백했다. 팔친스키가 처형당했던 것은 고문을 받으면서도 자신이 저지르지 않은 범죄를 자백하는 것을 거부했기 때문일 가능성이 높다.[210] 그는 항상 합리적 엔지니어라는 사실에 자부심을 갖고 있었다. 그의 마지막 결정이 합리적이었는지는 논쟁의 여지가 있지만, 그가 끝까지 용감했다는 사실은 분명하다.

주

■

■

□

1 이 책에서는 표트르 팔친스키를 'Peter Palchinsky'로 표기할 것이
다. 미국 국회도서관의 러시아어 음역 표기법에 따르면 'Petr Pal'
chinskii'로 쓰는 것이 옳다. 하지만 러시아 밖에서의 이름은 첫 번째
방식대로 알려져 있는 경우가 많기 때문에 이를 따르는 것이 영어권
독자들의 혼란을 줄여줄 것이다.

2 "Ot Ob"edinennogo Gosudarstvennogo Politicheskogo
Upravleniia," *Izvestiia* (1929년 5월 24일), p. 1.

3 Aleksandr Solzhenitsyn, *The Gulag Archipelago*, vol. 1 (New
York: Harper and Row, 1974), p. 6.

4 Samuel A. Oppenheim, "Pal'chinskii, Petr Akimovich," *The
Modern Encyclopedia of Russian and Soviet History*, ed. Joseph
L. Wieczynski, vol. 26 (Gulf Breeze, Fla.: Academic International
Press, 1982), pp. 188~189.

5 Robert Campbell, *Soviet Economic Power: Its Organization,
Growth and Challenge* (Cambridge, Mass.: Houghton Mifflin,

1960), pp. 51, 54~55.

6   팔친스키는 러시아 혁명과 관련한 솔제니친의 연작 소설 *The Red Wheel*의 가상 인물 P. A. 오보도프스키Obodovsky의 모델이었다. *August 14: The Red Wheel I* (London and New York: Penguin Books, 1989), pp. vi, 755~767; *Sobranie sochinenii* (Vermont and Paris: YMCA Press, 1984-1987), esp. vol 13, pp. 376~480; vol. 15, 477-480; vol. 16, 216-219; vol. 17, 430~433을 보라.

7   10월 혁명 국립중앙문서보관소(The Central State Archive of the October Revolution), 이하 TsGAOR, f. 3348, op. 1, d. 1010, l. 4.

8   TsGAOR, f. 3348, op. 1, d. 1010, l. 3; l. 8.

9   TsGAOR, f. 3348, op. 1, d. 1010, l. 45.

10   Ibid., l. 60.

11   Ibid., l. 28.

12   "*Curriculum vitae* gornago inzhenera Petra Ioakimovicha Pal' chinskago," TsGAOR, f. 3348, op. 1, ed. khr. 3, l. 1.

13   *Katalog knig kazanskoi biblioteki A. I. Pal'chinskoi* (Kazan, 1896).

14   율리아가 팔친스키에게 보낸 편지, 1909년 1월 12일, TsGAOR, f. 3348.

15   TsGAOR, f. 3348, op. 1, ed. khr. 525, l. 1.

16   광부들의 노동 조건에 대한 생생한 묘사는 Charters Wynn, *Workers, Strikers, and Pogroms: The Donbass-Dnepr Bend in Late*

Imperial Russia, 1870~1905 (Princeton: Princeton University Press, 1992), pp. 67~94와 Aleksandr I. Fenin, *Coal and Politics in Late Imperial Russia,* trans. Alexandre Fediaevsky, ed. Susan P. McCaffray (Dekalb: Northern Illinois University Press, 1990)를 보라.

17 P. I. Palchinsky, "Zhilishcha dlia rabochikh na rudnikakh Donetskogo basseina," *Gornyi zhurnal,* 9 (September 1906).

18 Paul Avrich, *The Russian Anarchists* (Princeton: Princeton University Press, 1967)을 보라.

19 팔친스키는 특히 크로풋킨의 책 *Bread and Will*과 *Fields, Factories, and Workshops*를 인용했다. TsGAOR, f. 3348, op. 1, ed. khr. 595.

20 Palchinsky, "nekotorye dannye po rabochemu voprosu na Kamennougol'nykh rudnikakh Cheremkhovskago kamennougol'nago raiona v Irkutskoi gubernii" (Irkutsk, 1903); "Zhilishcha dila rabochikh na rudnikakh Donetskago basseina," *Gornyi zhurnal* 9 (1908); "Vos'michasovoi rabochii den' na rudnikakh Frantsii i zanchenie ego dlia kamennougol'noi promyshlennosti i vsego ekonomicheskago polozheniia strany," *Gorno-Zavodskii listok* 53 (1908); "Reforma Avstriiskago sotsial'nago strakhovaniia i vopros o strakhovanii rabotnikov gornago dela," *Gornozavodskoe delo* 33: 1-2 (1913), pp. 6541~45; TsGAOR, f. 3348, op. 1, ed. khr. 3, l. 40-41.

21 TsGAOR, f. 3348, op. 1, d. 1140, 1149.

22 Palchinsky, *Torgovye porty Evropy*, 4 vols. (Khar'kov, 1913).

23 이는 팔친스키가 가장 좋아하는 구절이었는데, 아마도 크로폿킨의 글에서 따왔을 것이다. 또 다른 예로 다음 글을 보라. "Rol'i zadachi inzhenerov v ekonomicheskom stroitel'stve Rossii," TsGAOR, f. 3348, op. 1, ed. khr. 695, l. 4. 크로폿킨의 저작 중에 비슷한 구절로는 그의 *Fields, Factories and Workshops* (1900; rept. New York: Gordon Press, 1974)을 보라.

24 Thomas P. Hughes, *American Genesis: A Century of Invention and Technological Enthusiasm* (New York: Penguin Books, 1990), p. 3 and passim.

25 예를 들어, Palchinsky, "Sibirskaia kamennougol'naia promyshlennost'i zheleznodorozhnoe khozaistvo," *Zapiski imperatorskago Rossiiskago tekhnicheskago obshchestva* (1908); "Russkii marganets i ego soperniki," *Gorno-Zavodskii listok* 27 (1908); "Vozmozhnost' eksporta Donetskago uglia vo Frantsiiu cherez Mariupol'-Marsel'," *Gorno-Zavodskii listok* 84 (1908); "Eksport zagranitsu produktov gornoi i gornozavodskoi promyshlennosti iuga Rossii," *Izdatel'stvo soveta s"ezda gornopromyshlennosti iuga Rossii* (1911-1913); "Russkii antratsit na turetskom rynke," *Gorno-zavodskoe delo* 13 (1912); TsGAOR, f. 3348, op. 1, ed. khr. 3, l. 40~41을 보라.

26 Palchinsky, "Mestorozhdeniia iskopaemago uglia vdol' Sibirskoi zh-d. magistrali i ikh znachenie dlia kraia," *Gornyi zhurnal* 4 (1907), p. 66.

27 Palchinsky, "Zamechaniia po povodu prichin maloi podgotovlennosti k samostoiatel'noi rabote, davaemoi spetsial' nymi vysshimi shkolami molodym inzheneram, i o sposobakh izmeneniia takogo polozheniia" (Khar'kov, 1907), TsGAOR, f. 3348, op. 1, ed. khr. 1, l. 40ff.

28 TsGAOR, f. 3348, op. 1, ed. khr. 3. l. 38. 또한 Palchinsky, "Russkaia promyshlennost' na mezdunarodnoi vystavke v Turine v 1911g.," *Gornyi zhurnal* 3 (1911), pp. 290~303을 보라.

29 그의 책 *Sud i raskol'niki-sektanty* (St. Petersburg, 1901)을 보라.

30 TsGAOR, f. 3348, op. 1, d. 1176. l. 1.

31 TsGAOR, f. 3348, op. 1, d. 1011, l. 26~27.

32 TsGAOR, f. 3348, op. 1, d. 1011, l. 230~231.

33 TsGAOR, f. 3348, op. 1, d. 1011, l. 371~372.

34 그는 슈발로프 사Shouvaloff Company라고 알려진 리스바 광업 유한 회 사Lyssva Mining District Co., Limited의 이사였다. M. J. Larsons(모리스 레이저슨의 가명), *An Expert in the Service of the Soviet* (London: Ernest Benn Limited, 1929), pp. 199~207. 또 TsGAOR, f. 3348, op. 1, ed. khr. 3, l. 38을 보라.

35 Lewis H. Siegelbaum, *The Politics of Industrial Mobilization:*

A Study of the War-Industries Committees (London: Mcmillan, 1983).

36 Robert P. Browder and Alexander F. Kerensky, eds., *The Russian Provisional Government, 1917: Documents* (Stanford: Stanford University Press, 1961), vols. 1-3, pp. 730~731, 764~765, 1270, 1586, 1788~1790.

37 Alexander Rabinowitch, *The Bolsheviks Come to Power: The Revolution of 1917 in Petrograd* (New York: W. W. Norton, 1976), pp. 280~301을 보라.

38 동궁을 방어하기 위해 팔친스키가 활약한 것은 다른 어떤 활동보다도 많은 2차 문헌들에서 다루고 있다. 예를 들어, Tsuyoshi Hasegawa, *The February Revolution, Petrograd, 1917* (Seattle: University of Washington Press, 1981), p. 335; Alexander Kerensky, *Russia and History's Turning Point* (New York: Duell, Sloan and Pearce, 1965), p. 266; Anton Antonov-Ovseyenko, *The Time of Stalin: Portrait of Tyranny* (New York: Harper and Row, 1980), p. 119; Richard Pipes, *The Russian Revolution* (New York: Knopf, 1990), p. 489 등을 보라.

39 P. I. Palchinsky, "Poslednie chasy vremennogo pravitel'stva v 1917 godu," *Krasnyi arkhiv* 1:56 (1933), pp. 136~138. 이 내용은 동궁이 제압된 직후 팔친스키가 작성한 노트에 나와 있다. TsGAOR, f. 3348, op. 1, d. 184, l. 1-2.

40 Ibid.

41 Alexander Rabinowitch, *The Bolshevicks Come to Power: The Revolution of 1917 in Petrograd* (New York: Norton, 1976), p. 300.

42 같은 책.

43 같은 책, pp. 300~301.

44 Pitirim Sorokin, *Leaves from a Russian Diary* (New York: Dutton, 1924).

45 TsGAOR, f. 3348, op. 1, ed. khr. 38, 17-37 and 830.

46 TsGAOR, f. 3348, op. 1, ed. khr. 830, l. 3-9.

47 같은 문서.

48 V. I. Lenin, *Collected Works*, vol. 44 (Moscow: Progress Publishers, 1970), p. 168.

49 TsGAOR, f. 3348, op. 1, d. 1011. l. 504.

50 TsGAOR, f. 3348, op. 1, d. 1011. l. 527.

51 팔친스키의 전력에 관한 레닌의 의구심은 다음에 짤막하게 언급되어 있다. Lenin, Collected Works, vol. 25, pp. 137, 138, 142, 234, 349, 350, 370, 393.

52 TsGAOR, f. 3348, op. 1, d. 1011. l. 522~523.

53 전기화는 러시아 뿐만 아니라 전 세계 사회주의자들의 상상력을 사로잡았다. 크로폿킨은 1899년에 전력 확대는 도시 문화 확산으로 이어져 도시와 농촌 사이의 차이를 없앤다는 마르크스주의의 꿈을

실현시켜줄 것이라고 썼다. Thomas P. Hughes, "A Technological Frontier: The Railway," in Bruce Mazlish, ed., *The Railroad and the Space Program* (Cambridge, Mass.: MIT Press, 1965), p. 65를 보라. 독일인 사회주의자 카를 발로트Karl Ballod는 전기화와 사회주의가 특히 양립 가능하다고 주장했다. 발로트는 러시아 산업당에 영감을 제시한 인물로 알려져 있다. Atlanticus(카를 발로트의 가명), *Gosudarstvo budushchago*, trans. from German, preface by Karl Kautsky (Moscow, 1906). Jonathan Coopersmith, *The Electrification* of Russia, 1880~1926 (Ithaca, N.Y.: Cornell University Press, 1992), esp. pp. 139~140을 보라.

54 "Perechen' uchrezhdenii i glavneishikh voprosov v koikh prinimal uchastie prof. P.A. Pal'chinskii s I/XI-1917g.," TsGAOR, f. 3348, op. 1, ed. khr. 3, l. 46~49.

55 필자가 폴 애브리치Paul Avrich에게 보낸 편지, 1978년 10월 31일; Samuel A. Oppenheim, "Pal'chinskii, Petr Akimovich," *The Modern Encyclopedia of Russian and Soviet History*, vol. 26 (Gulf Breeze, Fla.: Academic International Press, 1982), pp. 188~189.

56 Aleksandr I. Solzhenitsyn, *The Gulag Archipelago*, vol. 2 (New York: Harper and Row, 1975), p. 314.

57 M. J. Larsons, *An Expert in the Service of the Soviet* (London: Ernest Benn, 1929), p. 205.

58 TsGAOR, f. 3348, op. 1, ed. khr. 793, l. 5.

59   TsGAOR, f. 3348, ed. khr. l. 41, 3.

60   TsGAOR, f. 3348, op. 1, ed. khr. 6, l. 1.

61   TsGAOR, f. 3348, op. 1, ed. khr. 901, l. 1~4.

62   Loren R. Graham, *The Soviet Academy of Sciences and the Communist Party, 1927~1932* (Princeton, N.J.: Princeton University Press, 1967), pp. 100~111, 135~137.

63   TsGAOR, f. 3348, op. 1, ed. khr. 589.

64   TsGAOR, f. 3348, op. 1, ed. khr. 553, l. 11~17.

65   Palchinsky, *Poverskhnost'i nedra* 2: 18 (1926): p. 1. 팔친스키는 지붕 재료를 경제적으로 분석해 지역과 시기에 따라 최적의 재료가 금속, 타일, 벽돌, 유리, 나무, 시멘트, 진흙, 돌 등이 될 수 있음을 보였다. Palchinsky, *Osnovnye zadachi razvitiia promyshlennosti stroitel'nykh materialov* (Leningrad, 1924).

66   TsGAOR, f. 3348, op. 1, ed. khr. 563, l. 1.

67   TsGAOR, f. 3348, op. 1, ed. khr. 563, l. 25.

68   TsGAOR, f. 3348, op. 1, ed. khr. 566, l. 48.

69   같은 글; ed. khr. 558, l. 32, 42.

70   *Poverskhnost'i nedra*라는 학술지를 보라. 또한 "Materialy redaktsii ezhemesiachnogo nauchnogo tekhno-ekonomicheskogo zhurnala *Poverskhnost' i nedra*, redaktorom kotorogo byl Pal' chinskim, P. A. (1916~1928)," TsGAOR, f. 3348, op. 1, ed. khr. 187-246과 "Materialy otnosiashchiesia k periodu deiatel'nosti

Pal'chinskogo P.A. v institute izuchenii *Poverskhnost' i nedra* (1916~1926)," TsGAOR, f. 3348, op. 1, ed. khr. 247~517을 보라.

71 Kendall E. Bailes, "The Politics of Technology: Stalin and Technocratic Thinking among Soviet Engineers," *The American Historical Review* 79 (1974), p. 452, *Vestnik inzhenerov* 1-2 (1924), pp. 9-11에서 재인용. 베일스는 팔친스키가 허버트 후버 Herbert Hoover의 책을 번역했다고 보고하고 있으나, 모스크바 레닌 도서관과 팔친스키가 꼼꼼하게 작성한 저작 및 번역 목록에 나오지 않는 것으로 보아 사실이 아닐 가능성이 높다.

72 Palchinsky, "Rol'i zadachi inzhenerov v ekonomicheskom stroitel'stve Rosii," TsGAOR, f. 3348, op. 1, ed. khr. 695.

73 1926년에 팔친스키는 천연 또는 인공 아스팔트의 장단점에 관해 석유산업위원회와 논쟁을 벌였다. 팔친스키는 인공 아스팔트만을 사용해야 한다는 결정에 지역 조건에 따라 달라질 수 있다며 반대했는데, 이 논쟁에서 패배했다. TsGAOR, f. 3348, op. 1, ed. khr. 552, l. 78~91.

74 TsGAOR, f. 3348, op. 1, ed. khr. 717.

75 "Otnositel'noe znachenie krupnykh, srednikh i melkikh predpriiatii v kamennougol'noi promyshlennosti Velikobritanii" (Khar'kov, 1911).

76 TsGAOR, f. 3348, op. 1, ed. khr. 525, l. 264.

77 Central Government Historical Archive (TsGIA), f. 90, op. 1, d.

145, l. 47~49.

78 Palchinsky, "Gornaia ekonomika," *Poverkhnost' i nedra* 2: 18 (1926), p. 12.

79 TsGAOR, f. 3348, op. 1, ed. khr. 525, l. 264.

80 같은 글.

81 Palchinsky, "Gornaia ekonomika," pp. 14~15.

82 TsGAOR, f. 3348, op. 1, ed. khr. 760.

83 Palchinsky, "Gornaia ekonomika," pp. 14~15.

84 같은 글, p. 17.

85 TsGAOR, f. 3348, op. 1, ed. khr. 525, l. 190~191.

86 Kendall Bailes, "Aleksei Gastev and the Soviet Controversy over Taylorism," *Soviet Studies* 3(1977), pp. 373~394; Zenovia Sochor, "Soviet Taylorism Revisited," *Soviet Studies* 2(1981), pp. 246~264.

87 V. I. Lenin, "Variant stat'i Ocherednye zadachi sovetskoi vlasti'," *Polnoe sobranie sochinenii*, 5th ed. (Moscow: Izdatel'stvo politicheskoi literatury, 1969), p. 141.

88 René Fulop-Miller, *Geist und Gesicht des Bolschewismus: Darstellung und Kritik des kulturellen Lebens in Sowjet-Russland* (Vienna: Amalthea-Verlag, 1926), p. 29.

89 TsGAOR, f. 3348, op. 1, ed. khr. 693, l. 9~10.

90 TsGAOR, f. 3348, op. 1, d. 562, l. 1.

91 TsGAOR, f. 3348, op. 1, ed. khr. 41, l. 52~53.

92 TsGAOR, f. 3348, op. 1, ed. khr. 46, l. 31.

93 Palchinsky, "Mestorozhdeniia iskopaemago uglia vdol'zh.-d. magistrali i ikh znacheniia dlia kraia," *Gornyi zhurnal* 4 (1907), pp. 66~70.

94 TsGAOR, f. 3348, op. 1, ed. khr. 550, l. 44.

95 Palchinsky, "Ekonomicheskaia geologiia," *Poverkhnost'i nedra* 4 (1926), p. 5; TsGAOR, f. 3348, op. 1, ed. khr. 695.

96 Edwin T. Layton, Jr., *The Revolt of the Engineers: Social Responsibility and the American Engineering Profession* (Cleveland and London: Case Western Reserve University Press, 1971), p. 6.

97 Editorial, *Poverkhnost'i nedra* 1 (1926), p. 6.

98 Palchinsky, "Otnositel'noe znachenie krupnykh, srednikh i mel'kikh predpriiatii v kamennougol'noi promyshlennosti Velikobritanii" (Khar'kov, 1911), pp. 1~9.

99 예를 들어 John Scott, *Behind the Urals: An American Worker in Russia's City of Steel* (Bloomington: Indiana University Press, 1989)와 Michael Gelb, ed., *An American Engineer in Stalin's Russia: The Memoirs of Zara Witkin, 1932~1934* (Berkeley: University of California Press, 1991)을 보라.

100 Kendall Bailes, *Technology and Society under Lenin and Stalin: Origins of the Soviet Technical Intelligentsia, 1917~1941*

(Princeton, N.J.: Princeton University Press, 1978), p. 88 and 148
에서 재인용.

101 같은 책, p. 160.

102 다니엘 알렉산드로프Daniel Aleksandrov와의 대화, 레닌그라드, 1990년
10월, 그리고 모스크바, 1991년 10월.

103 Bailes, *Technology and Society*, p. 466.

104 TsGAOR, f. 3348, op. 1, ed. khr. 57, l. 105~109.

105 Bailes, *Technology and Society.*

106 Bailes, "The Politics of Technology," pp. 453~454.

107 같은 글, p. 455.

108 같은 글, pp. 456~458.

109 같은 글, p. 458.

110 부하린 전기 중에서 가장 잘 쓰여진 것은 Stephen F. Cohen,
Bukharin and the Bolshevik Revolution(New York: Knopf, 1973)
이다.

111 Bailes, "The Politics of Technology," p. 463.

112 샤흐티 재판에 대해서는 Bailes, *Technology and Society*, pp.
69~94를 보라.

113 *Protsess "Prompartii" 25 noiabria - 7 dekabria 1930 g.
Stenogramma sudebnogo protsessa i materialy priobshchennye k
delu*(Moscow, 1931).

114 Aleksandr Solzhenitsyn, *The First Circle,* trans. Thomas P.

Whitney (New York: Harper and Row, 1968).

115 Solzhenitsyn, *The Gulag Archipelago* (New York: Harper and Row, 1974), vol. 2, p. 637, 레닌 도서관 문서집 Collection 410, card file 5, storage unit 24에서 인용.

116 Solzhenitsyn, *The Gulag Archipelago*, vol. 1, p. 74.

117 *Materialy k otchetu TsK VKP(b) KVI s'ezdu VKP(b) sostavlennyi OGPU,* INION AN SSSR.

118 Palchinsky, "Gornaia ekonomika," *Poverkhnost' i nedra* 2:18 (1926), p. 12.

119 TsGAOR, f. 3348, op. 1, ed. khr. 297, l. 18.

120 "Klub gornykh deiatelei (KGD) v Moskve," *Poverkhnost' i nedra* 2:18 (1926), p. 35.

121 휴 쿠퍼의 활약과 관련한 흥미로운 이야기는 Thomas P. Hughes, *American Genesis: A Century of Invention and Technological Enthusiasm*(New York: Penguin Books, 1989), pp. 264~269에서 찾아볼 수 있다.

122 Anne D. Rassweiler, *The Generation of Power: The History of Dneprostroi* (New York: Oxford University Press, 1988), p. 56.

123 완성된 수력 발전소는 뉴포트 뉴스 조선 회사Newport News Shipbuilding and Drydock Company에서 제조한 8만 5,000마력 터빈을 이용했다.

124 Rassweiler, *The Generation of Power,* pp. 45~47.

125 Boris Komarov, *The Destruction of Nature in the Soviet Union*

(White Plains, N.Y.: M. E. Sharpe), p. 57.

126 같은 책.

127 Rassweiler, *The Generation of Power*, pp. 120~122.

128 Komarov, *The Destruction of Nature*, p. 57.

129 Palchinsky, "Gornaia ekonomika," *Poverkhnost'i nedra* 1:29 (1927), p. 9.

130 Michael Gelb, ed., *An American Engineer in Stalin's Russia: The Memoirs of Zara Witkin, 1932~1934* (Berkeley: University of California Press, 1991), pp. 232~245.

131 Gelb, *An American Engineer in Stalin's Russia*, p. 234에서 재인용.

132 Stephen Kotkin, *Steeltown, USSR: Soviet Society in the Gorbachev Era* (Berkeley: University of California Press, 1991), p. 208.

133 같은 책, p. 209.

134 같은 책, p. 121.

135 같은 책, pp. 227~228.

136 같은 책, p. 228.

137 John Scott, *Behind the Urals: An American Worker in Russia's City of Steel*, 2nd enlarged ed., prepared by Stephen Kotkin (Bloomington: Indiana University Press, 1989).

138 같은 책, p. xxii, 존 스콧의 원고 원본에서 인용.

139 Kotkin, *Steeltown, USSR*, p. 254.

140 Amabel Williams-Ellis, "Introduction," *Belomor: An Account of*

the Construction of the New Canal between the White Sea and the Baltic Sea (New York: Harrison Smith and Robert Haas, 1935), p. vi.

141 Boris Souvarine, *Stalin: A Critical Survey of Bolshevism* (New York: Longmans, Green, 1939), p. 504.

142 Aleksandr Bogdanov, *Red Star: The First Bolshevik Utopia,* trans. Charles Rougle, ed. Loren R. Graham and Richard Stites (Bloomington: Indiana University Press, 1984). 이 책에 'Red Star' 과 'Engineer Menni'가 수록되었다.

143 TsGAOR, f. 3348, op. 1, ed. khr. 695, l. 19.

144 Aleksandr I. Solzhenitsyn, *The Gulag Archipelago,* vol. 2 (New York: Harper and Row, 1975).

145 M. Gor'kii, L. L. Averbakh, and S. G. Firin, eds., *Belomorsko-Baltiiskii Kanal imeni Stalina: Istoriia stroitel'stva* (Moscow, 1934), p. 75.

146 Solzhenitsyn, *The Gulag Archipelago,* vol. 2, p. 99에서 재인용.

147 같은 책, pp. 100~102.

148 William A. Wood, *Our Ally, The People of Russia* (New York: Scribner's, 1950), pp. 127~128.

149 Kendall Bailes, *Technology and Society under Lenin and Stalin: Origins of the Soviet Technical Intelligentsia, 1917~1941* (Princeton, N.J.: Princeton University Press, 1978).

150 Sheila Fitzpatrick, *The Commissariat of the Enlightenment* (Cambridge, England: Cambridge University Press, 1970).

151 Nicholas DeWitt, *Education and Profession Employment in the U.S.S.R.* (Washington, D.C.: National Science Foundation, 1961), pp. 209, 225.

152 같은 책, p. 217.

153 같은 책, p. 216.

154 같은 책, p. 225.

155 Harley Balzer, "Engineers: The Rise and Decline of a Social Myth," in Loren Graham, ed., *Science and the Soviet Social Order* (Cambridge, Mass.: Harvard University Press, 1990), p. 152.

156 DeWitt, *Education and Professional Employment*, p. 226.

157 *Administration of Teaching in Social Sciences in the U.S.S.R. (Syllabi for Three Required Courses: Dialectical and Historical Materialism, Political Economy, and History of the C.P.S.U., Moscow, 1957)* (Ann Arbor: University of Michigan, 1960).

158 Kendall E. Bailes, "The Politics of Technology: Stalin and Technocratic Thinking among Soviet Engineers," The *American Historical Review* 79 (1974), p. 469.

159 미출간 원고 "Post-Stalinist Trends in the Soviet Politburo: The Development of Technocracy?" (Harvard University Government Department, 1987년 1월 29일)을 참고할 수 있게 해준 토머스 바넷

Thomas P. M. Barnett에게 사의를 표한다.

160 Bailes, *Technology and Society*, p. 419에서 재인용.

161 *New York Times*, 1992년 3월 31일, p. A7.

162 역사적 관점에서 소련 원자력 발전을 다룬 논문으로는 Paul Josephson, "The Historical Roots of the Chernobyl Disaster," *Soviet Union/Union Sovietique* 13:3 (1986), pp. 275~299가 있다.

163 "Debating the Need for River Diversion," *Current Digest of the Soviet Press* (1986년 3월 19일), p. 1. 강의 흐름을 바꾸는 프로젝트를 둘러싼 논쟁과 관련한 훌륭한 분석으로는 Robert G. Darst, Jr., "Environmentalism in the USSR: The Opposition to the River Diversion Projects," *Soviet Economy* (July~September 1988), pp. 223~252를 보라.

164 "The Virgin Land Debate," in Werner G. Hahn, *The Politics of Soviet Agriculture, 1960~1970* (Baltimore and London: Johns Hopkins University Press, 1972), pp. 26~33을 보라.

165 Mikhail Geller and Alexander Nekrich, *Utopiia u vlasti: Istoriia Sovetskogo Soiuza c 1917 goda do nashikh dnei* (London: Overseas Publications Interchange, 1989), p. 34와 I. V. Stalin, *Sochineniia,* vol. 2 (Stanford, Calif.: The Hoover Institution, 1967), p. 206을 보라. 이 사건을 알려준 알렉산더 네크리치에게 사의를 표한다.

166 Harley Balzer, "Engineer: The Rise and Decline of a Social

Myth," in Graham, *Science and the Soviet Social Order*, pp. 141~147.

167 Loren R. Graham, "Reorganization of the USSR Academy of Sciences," in Peter Juviler and Henry Morton, eds., *Soviet Policy-Making* (New York: Praeger, 1967), pp. 133~163.

168 "Appeal of Soviet Scientists to the Party-Government Leaders of the U.S.S.R.," *Survey* 76 (1970), p. 160~170.

169 Josephson, "Historical Roots of the Chernobyl Disaster," pp. 275~299.

170 *The Great Baikal-Amur Railway* (Moscow: Progress Publishers, 1977), p. 8.

171 V. Perevedentsev, "Where Does the Road Lead?" *Current Digest of the Soviet Press* 40:46 (1988), from *Sovetskaia kul'tura*, 10월 11일, p. 3.

172 *The Great Baikal-Amur Railway*, p. 1.

173 같은 책, pp. 85~86. *kabarga*는 시베리아 토종 사향노루이다.

174 CDSP 39:34 (1987), from *Izvestiia*, 8월 21일, p. 2.

175 CDSP 39:23 (1987), from *Pravda*, 6월 11일.

176 CDSP 41:17 (1987), from *Pravda*, 4월 26일, p. 3

177 같은 글.

178 같은 글.

179 CDSP 39:10 (1987), from *Sotsialisticheskaia industriia*, 2월 11일,

p. 2.

180 V. Khatuntsev, "Why the Young Main Line Is Not Operating at Full Capacity," *Pravda,* 6월 11일, CDSP 39:23 (1987), p. 21.

181 Boris Komarov, *The Destruction of Nature in the Soviet Union* (White Plains, N.Y.: M. E. Sharpe, 1980), pp. 116~127.

182 Coversations with Vladimir Sangi, President of the Peoples of the North, Moscow, December 1990 and October 1991.

183 Perevedentsev, "Where Does the Road Lead?" p. 3.

184 Paul Josephson, "The Historical Roots of the Chernobyl Disaster," *Soviet Union/Union Sovietique* 13:3 (1986), pp. 275~299가 중요한 예외이다.

185 David R. Marples, *Chernobyl and Nuclear Power in the USSR* (New York: St. Martin's, 1986), p. 74.

186 David R. Marples, *The Social Impact of the Chernobyl Disaster* (New York: St. Martin's, 1988), p. 3.

187 *The New York Times,* 1992년 3월 25일, p. A7; 1992년 11월 8일, pp. A1, A14.

188 Josephson, "The Historical Roots of the Chernobyl Disaster," p. 278.

189 같은 글, p. 283.

190 N. Dollezhal and Iu. Koriakin, *Kommunist* 14 (September 1979).

191 Grigori Medvedev, *The Truth about Chernobyl* (New York: Basic

Books, 1989), p. 2.

192 *USA Today*, 1992년 3월 25일, p. 9A.

193 고르바초프의 가까운 측근이 '페레스트로이카 설계자'로 불리는 역사학자 알렉산드르 야코플레프Alexandr Yakovlev였다.

194 David R. Marples, *Ukraine under Perestroika: Ecology, Economics, and the Workers' Revolt* (New York: St. Martin's, 1991), p. 188.

195 N. V. Melnikov, O. D. Didin, and A. T. Ayruni, "Results of Research on the Problem of Sudden Methane and Coal Outbursts in the U.S.S.R.," *Systems for Stimulating the Development of Fundamental Research*, report of the U.S.-U.S.S.R. Working Subgroup on Systems for Stimulating the Development of Fundamental Research of the National Academy of Sciences/ National Research Council, Commission on International Relations (Washington, D.C.: National Academy of Sciences, 1978), pp. X-1-X-39. 나는 이 실무 위원회 소속으로 활동했다.

196 *MESA Safety Review*, 1974, 1975 (Washington, D.C.: U.S. Department of the Interior Mining Enforcement and Safety Administration).

197 *Injury Experience in Coal Mining, 1980* (Washington, D.C.: Mine Safety and Health Administration, 1981).

198 Marples, *Ukraine under Perestroika*, p. 197.

199 같은 책.

200 같은 책, pp. 197~198.

201 같은 책, p. 209.

202 Lewis H. Siegelbaum, "Behind the Soviet Miners' Strike," *The Nation*, 1989년 10월 23일, p. 452.

203 Marples, *Ukraine under Perestroika*, p. 208, 210.

204 같은 책, p. 201.

205 Palchinsky, "Gornaia ekonomika," *Poverkhnost'i nedra* 2 (1926), p. 14.

206 Vaclav Havel, "The End of the Modern Era," *The New York Times*, March 1, 1992, p. 15.

207 이 통계 수치는 소련 보건부 장관 E. I. 차조프가 인용했다. E. I. Chazov, "Speech," *Current Digest of the Soviet Press* 40:27 (1988), from *Pravda*, June 30, pp. 4, 9.

208 Edwin T. Layton, Jr., *The Revolt of the Engineers: Social Responsibility and the American Engineering Profession* (Cleveland and London: Case Western Reserve, 1971).

209 광산 엔지니어들의 특성과 관련한 논의는 빅토리아 포스트 래니 Victoria Post Ranney와 조지 래니George A. Ranney, Jr.의 통찰에 근거한 것이다.

210 솔제니친은 이렇게 결론내리고 있다. *The Gulag Archipelago*, vol. 1 (New York: Harper and Row, 1975), p. 375.

처형당한 엔지니어의 유령

2017년 8월 20일 초판 인쇄 | 2017년 8월 25일 초판 발행

지은이 로렌 R. 그레이엄
옮긴이 최형섭

펴낸이 한정희
총괄이사 김환기
편집·디자인 김지선 한명진 박수진 유지혜
마케팅 김선규 유인순 하재일

펴낸곳 역사인
출판신고 제406 - 2010 - 000060호

주소 경기도 파주시 회동길 445 - 1 경인빌딩 B동 4층
대표전화 031 - 955 - 9300 | 팩스 031 - 955 - 9310
홈페이지 www.kyunginp.co.kr | 전자우편 kyungin@kyunginp.co.kr

ISBN 979 - 11 - 86828 - 07 - 6 03300
값 13,800원

역사인은 경인문화사의 자매 브랜드입니다.